董明珠管理日志

李梓赫 ◎ 编著

浙江大学出版社

图书在版编目（CIP）数据

董明珠管理日志 / 李梓赫编著. — 杭州：浙江大学出版社，2021.11
ISBN 978-7-308-21774-3

Ⅰ. ①董… Ⅱ. ①李… Ⅲ. ①企业管理－通俗读物 Ⅳ. ①F272-49

中国版本图书馆CIP数据核字（2021）第191773号

董明珠管理日志

李梓赫　编著

策　　划	杭州蓝狮子文化创意股份有限公司
责任编辑	顾　翔
责任校对	张一弛
封面设计	张志凯
出版发行	浙江大学出版社
	（杭州市天目山路148号　邮政编码　310007）
	（网址：http://www.zjupress.com）
排　　版	杭州林智广告有限公司
印　　刷	杭州钱江彩色印务有限公司
开　　本	710mm×1000mm　1/16
印　　张	16
字　　数	275千
版 印 次	2021年11月第1版　2021年11月第1次印刷
书　　号	ISBN 978-7-308-21774-3
定　　价	58.00元

版权所有　翻印必究　　印装差错　负责调换

浙江大学出版社市场运营中心联系方式：0571-88925591；http://zjdxcbs.tmall.com

前言

2021年7月，福布斯发布2021中国最佳CEO榜，有50位CEO上榜，其中女性有5位，董明珠就在其中。在中国，董明珠这个名字早已家喻户晓。

20世纪90年代，全国掀起了一波公务员下海的热潮，董明珠就是下海公务员中的一员。因为一个偶然的机会，董明珠从深圳来到珠海，进入格力电器，秉持着挑战自我的精神，成为一名基层销售员。

20世纪90年代格力电器刚刚成立不久，没有自己的技术，只能做简单的空调组装，年产能大约为2万台。董明珠跟随一位老业务员前往北京和东北地区开发市场。不久之后，董明珠就开始独挑大梁，创造了一个又一个销售神话：1992年，个人销售额为1600万元；1993年，个人销售额为5000万元，一个人创造了格力1/6的销售额。很快，这位不喝酒的"金牌销售"得到了时任格力电器董事长朱江洪的关注，从格力电器的经营部部长到总经理再到副董事长，直到2012年接棒朱江洪成为格力电器的董事长，格力电器开启"董明珠时代"。

30多年来，董明珠始终与格力相依相存、相伴相生，每一步都互为见证。在董明珠的带领下，格力电器连续26年保持行业领先，无论是技术还是销售额，都稳居行业第一。自2016年以来，董明珠审时度势，决定开启多元化战略，高端装备、新能源电池、新能源汽车、手机、储能、模具……格力电器的业务遍地开花。

成功企业家大多有自己的领导风格，例如任正非的"狼性"、马云的"强悍"、马化腾的"中庸"等，董明珠的领导风格，是"斗争"。在柔性管理大行其道的年代，董明珠反其道而行之。她认为:"工作中没有柔情可言,和谐是斗争出来的,女性领导不是靠'亲和力'来解决问题的。"

董明珠"斗争"的范围极广:与经销商"斗",与安徽经销商斗智斗勇40多天追回货款,然后推出"先款后货"策略,要求拖欠货款的经销商"补足货款,先交钱再提货",彻底解决公司的三角债问题;与员工"斗",规定工作时间不准吃东西,即便距离下班只有几秒钟,吃东西也要罚款100元;与资本"斗",坚决不同意美国开利集团的收购,力保格力电器独立生存;与雷军"斗",以10亿元赌局证明实体制造业依然强盛……

有人评价"董明珠走过的路寸草不生",认为董明珠"霸道""不讲人情"。诚然,在商场上,董明珠作风强硬,但所有的坚持与"斗争"都是为了一个目标——掌握核心技术,让企业崛起、中国制造崛起。在这一点上,董明珠与朱江洪的想法高度一致。

发展初期,格力没有核心技术,朱江洪带队前往日本考察,放低姿态,恳请日本企业售卖技术,却遭到严词拒绝。回国后,朱江洪立即成立技术研发团队,决定不惜一切代价也要拥有自己的核心技术。董明珠上任后沿袭了朱江洪自主创新的发展理念。在两代人的努力下,格力拥有了15个研究院、126个研究所、1045个实验室,培养了1.5万名研发人员,累计授权专利47745项,其中发明专利11512项,申请国际专利3987项,其中PCT(专利合作协定)申请2134项,拥有33项"国际领先"技术……

凭借技术创新,格力在国际市场上的地位飞速提升,在与国外企业交流、合作过程中,角色发生了大逆转,从过去带队前往国外企业考察、学习,到接受国外企业前来考察、学习。过去,只能承接空调加工组装业务的小工厂早已成为集研发、生产、销售、服务于一体,以"让世界爱上中国造"为目标的国际化家电企业。

格力的技术创新追求的不只是数量,还有市场需求与企业责任。在消费升级时代,董明珠强调技术创新要以满足用户美好生活的需求为目标。董明珠认为:"在一个企业的发展过程中,不能仅以盈利为目的,更重要的是要改变社会、改变生活方式,给别人带来幸福,这才是真正的价值追求。"在为社会服务、为社会贡献价值方面,董明珠非常注重纳税,强调"纳税是企业对社会、国家的责任,企业一定要树立纳税光荣的意识"。

除此之外,董明珠带领格力积极响应"制造强国""碳中和、碳达峰"等国家战略,通过技术创新赋能中国制造业转型升级,提高核心竞争力以及在国际市场上的话语权,并通过技术创新降低空调能耗，为全球空调行业的节能减排做出重要贡献。

董明珠不只关心"国家"，还非常关心"小家"。2018年，董明珠提出"分房计划"，"要让格力8万名员工，每人都有一套房子"。很多人质疑这件事情的可行性，毕竟按照成本价换算下来，格力至少要为此投入2000亿元。但董明珠用实际行动向人们证明，分房是认真的！2021年，格力明珠广场3700套房即将交付，将优先分给有结婚需求或者已经结婚的技术人员。

虽然很多企业都在想方设法解决员工的住房问题，例如腾讯为员工提供免息购房贷款，华为为员工建福利房，房价远远低于市场价，但少有企业免费为员工分房。谈及免费分房的原因，董明珠表示："员工没有买房压力，才能全身心投入工作和生活。格力给员工分房、涨薪，也并不是以此让他留下来，而是因为他为企业做出了贡献。"

作为企业的领导人，董明珠可谓"至刚""至柔"、既坚持"狼性"又坚持"人性"的典范。对外，董明珠以刚强的姿态带领格力迎接各种挑战，与一切阻碍格力电器发展的人与事"斗争"，用十几年的时间带领格力走上行业龙头地位，并且屹立不倒；对内，董明珠设身处地地为员工着想，各种福利政策层出不穷，涨薪、奖金、分房、培训，帮员工解决各种实际问题。

但无论多么伟大、强悍的人都抵不过岁月的流逝。英雄易老、美人迟暮，如今，年近70岁的董明珠也开始被"接班人""交班"等问题纠缠。或许在不久的将来，格力将告别"董明珠时代"，迎来一个新的领导人。但对于格力来说，对于整个空调行业、制造业来说，"董明珠时代"值得永远铭记，董明珠的经营理念和她作为企业家的担当永远值得广大的企业家、创业者学习。

为此，笔者编写《董明珠管理日志》一书，对董明珠执掌格力的工作理念、经营战略、管理方法进行梳理、总结，为所有认同董明珠管理理念、经营思想及想要学习董明珠管理理念与经营思想的人提供一条便捷的途径。

商场如战场，在下一任接班人出现之前，董明珠依然坚守在一线，为在多元化道路上大步迈进的格力保驾护航。随着格力不断发展，我们对董明珠的认识可能会更加深刻，这些只能等将来有机会再慢慢填补。

最后，整理资料、编撰成书的过程不易，在此对所有提供支持与帮助的人表示感谢！如有不足之处，望广大读者批评指正！

目录

1月	使命与责任：让世界爱上中国造	/001
2月	企业文化：敢于刀刃向内	/021
3月	信念：不断获得新生	/041
4月	技术创新：永不落幕的话题	/061

5月	专业化与多元化：坚守制造业发展 /085
6月	品牌与营销：诚实面对你的消费者 /109
7月	用户与服务：最好的售后服务就是不用服务 /131
8月	搭平台：成为一个培养人才的基地 /151
9月	组团队：管理也是生产力 /171
10月	建制度：实现无为而治 /189
11月	渠道力打造："正和博弈" /209
12月	企业家精神：做"中国制造"的代言人 /229

1月
使命与责任:
让世界爱上中国造

01月1日 不忘初心、牢记使命

一个叫郑永年的经济学家有一篇文章我看了,他说中国没有企业家,中国只有商人,这句话深深地刺痛了我。我们今天在座的各位以及现在在新华社现场直播过程当中收看的更多的企业家,在这句话的刺激下我们更加应该记住总书记的讲话,就是"不忘初心,牢记使命"。我们已经来到了一个新的时代,我们企业家的使命是什么?是让国家更强大,我觉得这就是我们企业家的价值,我也希望企业家们用我们的行动打破郑永年对中国企业家的认知,我们不是商人,我们是中国优秀的企业家。

——"2019 让世界爱上中国造"高峰论坛,2019 年 12 月

背景分析

2017 年 10 月 18 日,习近平总书记在党的十九大报告中指出,弘扬马克思主义学风,推进"两学一做"学习教育常态化制度化,以县处级以上领导干部为重点,在全党开展"不忘初心、牢记使命"主题教育,用党的创新理论武装头脑,推动全党更加自觉

地为实现新时代党的历史使命不懈奋斗。

习近平同志在党的十九大报告中提到:"中国共产党人的初心和使命,就是为中国人民谋幸福,为中华民族谋复兴。"中国的企业家也应该谨记自己的初心和使命。以董明珠为代表的一批我国杰出的企业家,通过自己的努力带领企业取得了惊人的业绩,更带动了国家经济的腾飞。从一个年产值不到 2000 万元的小厂到多元化、国际化的工业集团,30 年间,格力电器完成了一个家电企业的成长蜕变。在塑造品牌形象的过程中,格力坚持与时俱进,针对不同阶段的市场需求及社会现实,为品牌不断注入新的理念,使品牌始终保持着鲜活的生命力。

行动指南

"不忘初心、牢记使命",中国企业家的使命是让国家更强大。

01月 3日 只有创造者才有未来

今天当我们的很多企业快走向世界的时候,当我们以自己的品牌为傲的时候,当我们拿出自己的产品感觉自豪的时候,你有没有发现,我们缺了什么?很多的企业当你去参观的时候,这些企业的管理层会告诉你,我们企业用的设备全是进口的,还有说我这里很多的人才是从外国引进的,我这个企业很优秀。但我认为我们差的就是这两点。因为我们如果没有外国的设备我们就造不出好产品,没有从外国引进人才就没有自己的技术创新,这是悲哀的。

所以,在新的时代,我们要重新定位我们自己:未来是什么?我们要成为一个创造者,只有创造者才有未来,只有创造者才能实现社会的价值,因为你的创造改变了别人,因为你的创造给别人的生活带来品位和享受,这就是我们企业家的未来。

——2017(第十六届)中国企业领袖年会,2017 年 12 月

背景分析

2015年5月19日国务院正式印发《中国制造2025》，计划通过"三步走"战略实现"制造强国"建设目标，这也让董明珠感到了压力与责任。其实，在董明珠的带领下，格力一直都非常注重技术创新与管理创新。2013年，顺应智能化的发展趋势，格力进入智能装备领域，一切从零开始，取得了前所未有的创新成果。数控机床、机器人等设备不仅为格力服务，还逐渐在食品、卫生、医疗等行业实现了广泛应用。

董明珠认为创新、创造精神应该是企业家必备的精神，"以自己的品牌为骄傲，为自己的品牌去呼喊，为自己的品牌去创造，这就是企业家要干的事情"。而且，董明珠非常重视对人才的培养，认为技术、创新都要以人才为基础，失去人才的支撑，一切都会不复存在。因此，格力目前的主要任务不是创造技术，而是创造人才培养场所，让人才走向世界、服务世界，只有这样中国制造才能提高竞争力、获得话语权，赢得世界的尊重。

行动指南

"不创新，就灭亡"，这句话是对快速发展的互联网时代的真实写照。国家要创新，要从"制造大国"向"制造强国"发展，企业也要创新，要敢于立在风口浪尖，做行业的先驱者、时代的弄潮儿。

01月4日 让世界爱上中国造

格力电器的发展，经历过几个阶段，从"格力电器，创造良机"到"好空调，格力造"，然后历经了12年的时间，我们才喊出"格力·掌握核心科技"。我们近两年喊出了"让世界爱上中国造"，这不是口号，这是使命，是由我们的责任来决定的。每个不同时期的广告都表达一个企业的实力，最早为什么是"格力电器，创造良机"？因为那时候没有技术，良机是优良的良、良心的良，不要偷工减料，用材料堆出来的，那叫良机。

——2017年年度股东大会，2018年6月

背景分析

格力电器创立初期的广告语是"格力电器，创造良机"，"良机"一语双关，既指质量优良的产品，又指制造者的良心。在格力电器初创时，市场上大多是低质低价的空调。格力为了凸显自身的竞争优势，造出了比市面上其他空调重15公斤的空调。在那个年代，凭材料优势，格力打开了市场。但在新的市场环境中，这种策略不再适用，如果没有独特的优势，企业很难在市场竞争中取胜。

2016年，格力发布了新的广告语——"格力，让世界爱上中国造"。一直以来，格力始终在坚持创新，努力突破中国制造企业的发展困境，生产出具备独特优势的产品。过去很长时间，在国外品牌的压制下，在外资强大的并购战略下，国产品牌的发展异常艰难，很多优秀的国产品牌销声匿迹。为了生存发展，越来越多的中国企业放弃自主创新的发展路径，转向模仿复制，最终被冠以"低质低价"的称号。在这种发展模式下，中国企业不仅无法"走出去"拓展海外市场，而且失去了国人的信任。

秉持"代表中国造，重塑中国形象"的决心，格力制定了更为高远的目标，不仅要自己"走出去"，开拓海外市场，而且要带领中国制造企业"走出去"，带着优质产品、高端技术"走出去"，让格力的技术、产品服务全世界，让世界爱上中国造。

行动指南

中国企业要加强技术创新，提高产品质量，摆脱"低质""山寨"等标签，真正凭借自主创新、质优价优的产品征服国际市场，让世界爱上中国造。

01月 6日 做祖国的一个健康的细胞

我觉得制造企业一定要坚守诚信，要有坚守奉献的精神、坚持挑战的精神，你才

能活得更加健康。我在这里也希望能向所有的企业共同发出一个很好的倡议：我们要做祖国的一个健康的细胞。我们每一个细胞都健康了，我们中国就强大了。我们中国的制造一定是因为有健康的细胞，才能够走向世界，用我们的产品服务世界。

——2019 中国智能制造全产业链应用大会，2019 年 1 月

背景分析

近年来，政府高度重视优化营商环境，提出构建"亲""清"新型政商关系：要求领导干部坦荡真诚地与民营企业接触交往，及时帮民营企业解决问题，支持民营经济发展，不能存有贪心、私心，不能以权谋私，不能搞权钱交易；要求民营企业家主动与政府部门沟通、交流，"讲真话，说实情，建诤言，支持地方发展"，要洁身自好，遵纪守法，光明正大地搞经营。2019 年，董明珠提出"政企携手打造公平公正营商环境共同体"的建议，提倡政府和企业找准定位，明确各自的分工，高效、精准地提供服务。

格力对自己的定位就是要做"祖国的一个健康的细胞"，坚持创新发展，尤其是核心技术领域的创新。根据国家知识产权局发布的数据，2021 年，格力电器累计授权专利 47745 项，其中发明专利 11512 项，稳居家电行业之首。为了鼓励格力创新发展，税务部门积极落实各项税收优惠政策，为格力减税降负，极大地提高了格力的市场竞争力。同时，格力依法纳税，注重承担社会责任，坚持不懈地为祖国发展贡献自己的力量。

行动指南

经济是一个国家的命脉，企业是国家经济的基本细胞。企业要主动承担社会责任，做祖国的一个健康的细胞，为祖国的健康发展、繁荣昌盛贡献自己的力量。

01月10日 企业与国家的命运是一体的

我们格力电器长期以来依赖进口设备来保证我们的产品质量。我们是十几亿人的大国，而我们采购的先进的装备来自一个几千万人口的国家，我们怎么也不甘心。提

出"让世界爱上中国造"就是因为我们有巨大的创造力，如果你没有创造力，不能给别人带来改变的时候，你凭什么说让人家爱上你。所以这么多年来，我们一直坚守对企业的认知，一个企业不是独立的，我们和国家的命运一定是一体的。只有国家强大才可以让企业理直气壮。反过来，企业能够做强做大也就能为国家争光，我们的国家才能真正强大。

——2018（第十七届）中国企业领袖年会，2018年12月

背景分析

自进入21世纪起，格力电器就开始了全球化布局。此后，经过10多年的发展，格力逐渐掌握了核心技术，并在2015年开启了一个新的发展阶段——品牌5.0阶段，这一阶段的目标就是"让世界爱上中国造"。

2015年，我国空调制造业进入寒冬，市场需求骤然减少，空调销量大幅下降。当时，我国制造业产能过剩，劳动力成本快速上涨，同质化竞争愈演愈烈，家电品牌纷纷开始拓展国外市场，格力也不例外。除此之外，格力还面临着两大挑战：一是随着大数据、物联网、云计算等新一代互联网技术快速发展，传统制造业开始向网络化、智能化转型升级；二是随着消费升级，消费者的需求愈发个性化。

但格力从不惧怕挑战，董明珠誓将格力做大做强，让格力成为世界级的品牌，"国货强，中国强"。在董明珠的带领下，格力持续深耕核心技术，从家用消费品到工业设备乃至医疗装备，走出了一条勇担社会责任的制造业转型升级之路。2020年，格力发布十大明星产品，如明珠空调、蒸烤双能机、家用消毒液制造机、工业机器人GR20A、超高冲速家电电机铁芯模具、移动P2+核酸检测车等，生产模式从"TO B"转向"TO C"，驱动"中国造"转型升级。

行动指南

盈利是企业的根本目标，但企业要在追求经济效益的同时主动承担社会责任，推动国家经济高质量发展。

01月13日 用技术创造价值

所以我们要有一种新的思路,重新审视我们今天的价值,就知道我们企业家的使命已经不是仅仅为了盈利。可能很多人会反对,董明珠你不赚钱你靠什么?你不是赚钱赚得最好的吗?我想一个企业不赚钱,就没有能力搞研发,但是一个好的企业不是为了赚钱而去做事,是为了做一件事得到市场认可的时候,回头你有合理的回报,或者社会对你的尊重,这是你的技术带来的改变。比如说,我们把政府大楼都换上我们磁悬浮中央空调,一年节约200亿元。你在我这儿节约200亿元,买我的技术给你带来了好处,价格是不是理所当然要高一点?这就是技术创造价值。

——第五届中国家居业重塑产业链价值体系大会,2019年11月

背景分析

改革开放40多年后的今天,中国经济进入高质量发展阶段,企业的持续创新成为稳定国民经济发展的重要支撑。在新的时代背景下,中国制造要走高质量发展道路,制造企业既要具备高科技研发能力,又要积极践行社会责任,在这两个方面,格力都做出了很好的示范。

在技术创新领域,格力不断深耕,并屡获权威认可。在中国制冷学会编写的《中国制冷辉煌之路——新中国成立70周年制冷空调行业创新成果汇编》中,格力有10项核心创新成果入选,是技术入选数量最多的企业。在社会责任领域,2020年,格力向武汉捐赠净化器和空调2525台,各销售公司向各地捐赠了价值1000万元的空气净化器。此外,在防疫物资紧缺的情况下,格力加紧生产温度计、口罩生产设备、护目镜、杀病毒空气净化器、"风无界"新风空调等一系列抗疫产品,体现了大企业的责任与担当。

最重要的是,格力通过技术创新带动了整个家电行业发展,积极参与世界市场的竞争,为世界提供了更多高科技产品,创造出更高层次的服务价值。例如格力光伏空调为美国亚利桑那州凤凰世贸中心提供新能源利用方式,帮助其节能减排,实现可持

续发展，深刻体现了"产品是为生活服务，创新是为了让生活更好"的企业宗旨。

> 行动指南

创造价值、服务世界是企业发展的终极要义。企业的价值创造是一种外向的力量，强调对社会进步、生活改善等方面的积极影响。从这个层面来说，中国制造企业要积极通过技术创造实现自身价值，用科技创造美好未来。

01月17日 制造业存在的价值

我们做了空调要给扶贫消费者用上，扶贫消费者说我不能用，每个月电费我花不起。我们扶贫送一个电饭煲，煮出来的饭，水是水、米是米，他有幸福感吗？没有。所以我们在扶贫过程中更要看到自己的责任与使命。调研中有个人告诉我，3 个月前换了 80 台格力空调，接下来每个月电费少了很多很多，不知道是什么原因。他说我们也是在正常使用，为什么？因为格力给他带来了美好生活。这是我们讲的制造业存在的价值，因为我们让人民的生活变得更加美好，这才是有意义的。

——第五届中国家居业重塑产业链价值体系大会，2019 年 11 月

> 背景分析

随着经济不断发展，我国涌现出一批"新中产"群体，他们的消费观念不断升级，愿意为科技产品、创意产品、能够带来幸福感的产品买单。在此形势下，企业必须转变"低成本""低价格"的生产理念，努力提高产品质量、优化服务，才能在新一轮的市场竞争中存活下来。

近年来，我国积极推进供给侧改革，其实这是需求侧倒逼的结果。随着消费不断升级，落后产能必将遭到淘汰。未来 10 年，我国经济必将迎来一场前所未有的大变革，身处其中的企业既面临着机遇，也面临着挑战。在此形势下，格力始终坚持技术

创新的发展路径，坚持自主研发核心技术，注重产品质量。例如，格力研发生产出一整套厨用空调、冰箱和各式生活电器产品，可以一站式解决厨房烹饪遇到的各种问题，让"厨房小白"通过简单操作就能做出一桌可口的饭菜。未来，格力将加大自主创新精品的推广力度，打造"中国造"精品，提升全国乃至世界人民的生活品质。

行动指南

当前我国社会的主要矛盾是人民日益增长的美好生活需要与不平衡不充分的发展之间的矛盾，制造企业必须深刻认识到这一点，面向人们生活的方方面面积极推进技术创新，为人们"制造"美好生活。

01月18日 制造业承担的责任

中国制造在很长一段时间都是低质低价的代名词，在世界上，没有人认为我因为用了一个中国的产品而骄傲，但是中国企业恰恰在使用外国的品牌、外国的技术的时候，觉得自己很自豪。包括我们自己的消费者，在过去的几年中，很多人到国外去买一个马桶盖、买一个电饭煲。那责任究竟是谁的？是消费者的？是我们中国人不爱国？不是。是我们制造业的问题。因为你没有掌握核心技术，你不能创造技术，你不能改变别人、提高他的生活质量的时候，就要面临淘汰。所以，作为一个企业来讲，不能逐利而行，一定要全身心地投入进去，愿意以牺牲自我的精神来做创新。这个企业就一定能够获得社会的尊重，也可以赢得更多的市场。

——《思客讲堂》董明珠演讲，2017年6月

背景分析

过去，很多制造企业强调销售额。进入高质量发展阶段之后，随着一批批企业被淘汰，存活下来的企业将关注点转向了产品质量。很多案例表明，如果企业偷工减料、

以次充好，欺骗消费者，不仅会给消费者带来经济损失，甚至会威胁消费者的生命安全，最终会给企业的品牌形象造成严重损害。

产品质量的不断提升是制造业高质量发展的基础。董明珠显然早已认识到这一点，始终坚持通过技术创新与产品质量管理来塑造品牌的竞争力。为了提高产品质量，格力创造了一套严格的管理模式。早在1995年，格力电器就创建了"筛选分厂"，对进入工厂的每一个零部件进行检测，坚决剔除每一个不合格的零部件，以免因为一个不合格的零件导致机器在运行过程中出现故障，或者导致机器的运行寿命缩短。董明珠认为："厂家的一台空调有问题，对消费者来说就是百分之百的问题。"

2018年，凭借"完美质量"管理模式，格力电器获得了"中国质量奖"。格力的"完美质量"管理模式是在几十年生产经营的过程中不断形成的，一台空调的生产也需要经历复杂的专项检测与质量检测。格力的质量检测员有8000名，正是在如此严苛的质检下，格力才敢保证产品质量，将空调保修期限延长到10年，给消费者带来更多实惠。

| 行动指南 |

为消费者提供优质的产品是制造企业的首要责任。我国制造企业必须坚持以生产高质量的产品为宗旨，严格把控产品质量，提高整个制造行业的竞争力，对我国经济的高质量发展产生积极的推动作用。

01月22日 培养工匠精神

2016年《政府工作报告》当中讲工匠精神，什么叫工匠精神？我们一讲人才就落脚在技术人员上了，错了，其实在一个企业里面，任何一个岗位都应该有人才。什么叫工匠精神？把每一个细节都要做好，用挑刺的精神来挑战，这就是工匠精神。

管理者一样要有工匠精神，员工、一线工人也要有工匠精神，为什么讲德国都讲工匠精神，工匠精神好像是德国的专用词，而中国制造是低质低价的代名词，实际上我们就差了那么一点，就是挑战精神、吃亏精神。

——2016苏商创新创业发展高峰论坛暨首届苏商金茉莉颁奖典礼，2016年4月

背景分析

在 2016 年的《政府工作报告》中，李克强总理提出："要鼓励企业开展个性化定制、柔性化生产，培育精益求精的工匠精神。"在我国向"制造大国"迈进的过程中，制造企业始终呼唤"工匠精神"的回归，在这方面，格力做出了极好的示范。

以进厂零部件检测为例，为了保证产品质量，格力组建了一支专门的队伍对供应商提供的零部件进行检验，合格的送入生产线，不合格的被直接退货。为了防止检测人员与供应商私下交易，格力对检测人员的信息绝对保密。格力的入厂检测程序非常复杂：首先是入厂检验，可能是抽检，也可能是全检，通过模拟空调售后可能存在的问题，安排相应的检验项目，肉眼观察只是第一步，如有必要还会进行解剖，用金相显微镜对外观形貌观察分析，确保每一个零部件的任何组成都没有问题；接下来进入可靠性实验环节，格力为这个环节建造了很多实验室，对很多厂家不关注的零件也会进行检测，例如对小螺丝钉进行盐雾检测，这充分体现了格力对产品细节的把控。

格力对零部件的高标准、高要求使很多供应商知难而退，即便是合作已久的供应商，也可能遭遇退货。如果产品不合格，格力会要求供应商直接将产品拉走，甚至还要其接受质量考核，如果问题比较严重，就会直接取消其供应资格。正是这种精益求精的态度，才铸就了格力的好品质。

行动指南

在很多人看来，工匠就是从事重复劳动的工作者，但实际上，工匠的含义更加丰富，"工匠精神是一门手艺、是一种品质、是一份专注，更是一种态度"。在制造强国建设的过程中，我们呼吁工匠精神回归，也相信在工匠精神的带领下，我国制造业将实现腾飞。

01月23日 行业老大承担重要责任

一个行业的老大很重要。你看我们其他的行业，你先看它的利润、看它的技术，然后对比空调行业，就可以看到行业老大的重要性。老大是什么样，这个行业就会是什么样。所以在空调行业，格力真的影响了很多企业的决策。如果格力开始打价格战，很多企业可能都会跟着倒闭，但这样没有意义，把别人打死，自己也伤得要命，那怎么去为消费者服务呢？所以我觉得技术是无止境的，如果一个企业想维持行业老大的身份，而且别的企业还不断地从你的企业里"挖人""偷技术"，你只有不断地自己挑战自己、不断进步，那样别人还是跟在你后面，即使它质量提高，也还是跟在你后面。

——《十年二十人》之董明珠，2018年5月

背景分析

格力作为我国家电领域的领军企业，不仅如上述访谈中所言自觉抵制价格战，积极维护市场秩序，而且时刻严格要求自己，为同行做出表率。比如，延长空调的保修期，推行"10年保修"的售后服务政策。如果在格力的带领下，这一政策得到推广应用，将推动我国整个空调行业进一步提高产品质量，让消费者享受到更加高品质的产品与无忧的售后服务。

2005年，在国家要求"整机保修一年，主要零配件保修3年"的情况下，格力率先推出"家用空调6年保修"政策，售后服务标准达到了同行业最高；2011年，格力推出"变频空调一年包换"政策，极大地降低了消费者尝试新事物的风险；2014年，格力推出"家用中央空调6年保修"政策，进一步完善售后服务政策。随着售后服务不断完善，消费者对格力的满意度有了大幅提升。根据中国标准化研究院发布的空调行业顾客满意度调查，2021年格力空调顾客满意度位居行业第一，这也是格力空调在消费者满意度调查榜榜首的第十年。毫不夸张地说，正是在格力的带领下，我国空调行业才

能保持高质量发展，消费者才能享受到越来越优质的产品与服务。

行动指南

一个行业的领军企业往往会决定行业的发展方向与发展高度，因此，行业领军企业不要只关注盈利，而是要主动承担更多责任，要以消费者为中心，思考为消费者带来了什么，还能带给消费者什么，获得消费者的认可，引领行业实现健康可持续发展。

01月26日 制造业一定要恪守工业精神

我觉得任何一个人在任何一个企业，都要对这个企业负责。他是这个企业的员工，他就应该维护这个企业的利益。当时我们大家都很浮躁，急功近利，有人做房地产，这个行业不行就去做另外一个行业，怎样拿到最低的价格、卖到最高的价格。我把这些划归为一种商业精神，用这样的思维来指导我们的行为，企业就没有竞争力、企业就不可能持续发展。所以，我想制造业一定要恪守自己的工业精神，也就是一种奉献精神。

——《杨澜访谈录》专访董明珠，2013年11月

背景分析

在家电行业，格力是率先提出"将工业精神当作企业发展信条"的企业之一。那么，什么是工业精神呢？工业精神指的是在工业实践过程中形成的共同信念、价值标准与行为规范的总称，提倡多干实事、少说空话、专心做事、主动承担责任、对未来负责。工业精神的内涵非常丰富，涵盖了对科学的尊重与探索、严谨的质量意识、协作共赢的合作精神、严格的纪律与规则意识、专业化发展、以人为本等，注重质量、口碑、利益、价值、诚信等。

董明珠非常推崇工业精神。2006年，董明珠在《企业要有"工业精神"》一文中首

次提出"制造业企业一方面要有吃亏的'工业精神':一方面,要在技术创新方面多干实事、长期作战,要耐得住寂寞;另一方面,要对未来负责,不仅要关注现实的消费需求,更要关注消费者的根本需求"。格力在发展过程中始终将工业精神放到第一位,这也是其能够成为行业领军企业的关键。

行动指南

在未来的发展中,制造企业要摒弃追逐短期利益的"商业精神",要秉持"工业精神",自主创新,创建品牌,冲破"价格低廉—贸易摩擦—出口受限—资金短缺—产品结构无法升级"的怪圈,打造世界级的民族品牌。

01月28日 上市公司的主要任务不是"圈钱"

就是上市公司,也是跟国家分不开的。为什么很多公司愿意上市?它离不开两个字——"圈钱"。但是公司一旦上市以后,它就不只是"圈钱",它是要创造财富的。

——《面对面》之"董明珠:奋斗与创造",2019年3月

背景分析

自改革开放以来,中国经济快速崛起,涌现出许多具有国际竞争力的企业,尤其是上市企业,这引起了公众的广泛关注:企业是否践行社会责任?企业产品和服务是否符合标准?企业是否能够创造就业?企业投资给当地居民带来了哪些好处?社会公众对企业的关注在一定程度上体现了社会公众对企业的期望,即希望企业能够主动承担社会责任,不要唯利是图,置社会责任、消费者利益于不顾。

董明珠在很多场合都说过:"一个企业的成功在于为社会奉献多少。"她所指的"奉献"是一种企业信念,需要被转化为企业的长期行为,即"企业多年来为社会做了什么"。基于这一理念,格力主动履行法律责任、社会责任,向社会做出表率,始终坚持

为消费者服务，坚持以科技创新提高企业的竞争力，提高我国制造行业的竞争力，为我国制造强国建设贡献力量。

行动指南

上市公司作为各行业的佼佼者，必须从更高维度创造价值，凝聚企业家力量，弘扬企业家精神，打造中国企业公共品牌，提高企业在国际市场上的影响力，坚持将企业发展与社会贡献相连接，带领中国企业界形成一种与时俱进的现代工商业文明形态。

01月29日 产业报国

作为一个有责任感的头脑清醒的企业家，产业报国是我坚定的信念。当今世界，一个国家的竞争力，主要体现在该国大企业的竞争力上。经济大国日本的实力，体现在三菱、住友、丰田等六大集团；美国的实力体现在通用、IBM、微软、杜邦等跨国大公司。我们国家目前所需要的，正是若干具有国际竞争力的世界级大公司。

中国家电业从无到有，经历了几十年的风雨和艰辛，民族品牌终于成为中国家电市场的主流，并已成功打入世界市场。中国民族家电工业的崛起与发展标志着中国民族工业的振兴，是民族工业迈向世界的里程碑。

本是同根生，相煎何太急。同是民族品牌，理应减少内耗，这样才能共同为民族工业全面振兴出力。

——《棋行天下》，2000年4月

背景分析

格力电器自成立以来就坚持技术创新，将"掌控空调核心技术"作为立足之本。格力通过技术创新打破技术垄断，成为我国制造业的领军者，树立起自立自强的民族品牌形象，在国际市场竞争中掌握了主动权，为民族品牌的发展赢得了先机。

中国制造企业参与国际市场竞争的关键就是提升产品质量。格力以"追求完美质量，售后零缺陷"为目标，打造了一套严格的质检体系，贯穿产品生产全过程，并培养了许多专业的售前、售后人员。通过对"工匠精神"的坚守，对"完美质量"的不懈追求，格力获得了国际标准产品证书、国家级企业标准"领跑者"证书、欧盟CE认证证书和日本JET认证证书等权威认可。作为一个民族品牌，格力不仅专注于企业发展，而且积极响应节能减排政策，主动承担社会责任。截至2020年4月，在格力电器拥有自主知识产权的28项"国际领先"技术中就有25项与节能相关。作为联合国授予的"城市可持续发展项目宣传大使"，董明珠带领格力致力于环保事业，引领整个行业探索绿色发展道路。

除此之外，格力还积极参与公益慈善活动，例如推出"格力希望课桌""明珠关爱基金""免费午餐"等，在2020年新冠肺炎疫情暴发期间为各个医院提供杀病毒空气净化器、口罩、防护服等物资。董明珠将承担社会责任视为最灿烂的企业文化，在她的带领下，格力不仅专注于技术创新、产品研发，而且积极回馈社会，发挥社会价值。

行动指南

企业不仅要专注于自身发展，铸造民族品牌，提高在国际市场上的竞争力，还要在发展的过程中主动承担社会责任，积极回馈社会，主动为人民谋福利，树立起更加立体的品牌形象。

01月30日 通过创新改变世界

当一个企业赚钱是以别人的健康为代价、以破坏社会的环境为代价，你认为这个企业的产品还有价值吗？没有。所以，格力在思考我们的责任是什么、我们应该做什么，这给我们提出了一个要求。当然，你可以不提要求，甚至认为没有这个义务、没有这个责任，只为自己去赚钱而已。那我们今天就不会出现光伏空调。

因为格力知道自己的社会责任是什么，所以我们研发出来到目前为止世界上唯一的光伏空调。光伏空调能不消耗能源而使我们享受到温度的变化。同时，因为没有消耗资源，用一种天然的自然的新能源的循环就达到了我们的目的，那这就是真正的技术改变了世界。这就是我们讲的，创新给我们企业带来的生命力，创新给我们带来的竞争力。更重要的是，创新让我们改变了这个世界。

——《思客讲堂》董明珠演讲，2017年6月

背景分析

格力自成立以来就非常注重创新，尤其是技术创新。通过技术创新，格力研发出很多节能型产品，光伏空调是其中的典型代表。秉持"让天空更蓝，大地更绿"的发展理念，早在2013年，格力就提出了将空调与光伏发电相结合，减少电力消耗，实现节能减排。经过研发人员的不懈努力，格力最终突破光伏发电转换效率低的技术瓶颈，研发出格力光伏直驱变频离心机，光伏这种可再生的清洁能源满足空调用电需求，降低空调能耗。

目前，格力光伏空调不仅在国内广泛应用，而且走出国门，进入美国、西班牙、泰国等23个国家和地区。据粗略计算，假设全球有10%的空调使用格力光伏系统，每年可以减少碳排放13.12亿吨，将对全球碳中和的实现做出突出贡献。除光伏空调外，格力在2017年的德国IFA展上首发G-IEMS局域能源互联网系统，该系统以光伏空调为基础，以"协同构建直流化网络能源新世界"为目标，融合了高效发电、安全储电、可靠变电、高效用电、实时能源控制、能源信息集中管理、轻量化交互等功能，可以创建一个清洁、安全、可靠、舒适、高效的人居环境。2018年，格力利用光伏空调技术打造了光伏移动营房，通过光伏发、用、储、调电技术为偏远地区的军人解决了用电问题，彰显了民族企业的精神与担当。

行动指南

制造企业在专注于创新的过程中要兼顾社会发展与人民需求，通过技术创新改变世界，满足人们对美好生活的追求，做有温度、有担当的企业。

2月

企业文化：
敢于刀刃向内

02月1日 格力的对手是自己

"格力电器的对手是谁?"经常有人这样问我。"格力的对手是自己,永远都是自己!"以自己为对手的过程是无限的,因为任何一种状态的"我"都要被否定、被超过。专业化、规模化,道路曲折艰难,格力踽踽独行。

——《行棋无悔》,2006年12月

背景分析

超越别人很容易,超越自己却很难。几十年来,格力始终以超越自我为目标,每年在技术研发方面投入巨额经费,而且摒弃了传统的"按销售收入的百分之几"进行计算的模式,按照企业的实际需要进行分配。不计成本的投入最终结出了丰硕的果实,格力成为国内首家已授权发明专利过万的家电企业。

在技术研发方面,格力有一种非常执拗的精神——"别人能做的我也能做,为什么我就不能比别人好呢？"1赫兹变频技术的成功掌握与全面应用就很好地证明了这一点。在日本变频空调可以实现8赫兹低频运行，而国内空调依靠技术引入只能实现10赫兹低频运行的年代，格力通过技术创新，使压缩机低频稳定运行最低可达1赫兹，不仅超越了日本企业，更实现了一次成功的自我超越。

格力这种"和自己竞争"的精神不仅体现在技术研发领域，还体现在产品管理方面。在产品设计标准方面，格力制定了比国家标准、国际标准更高的企业标准，极大地提高了产品质量，降低了产品的返修率，赢得了各国人民的广泛认可。例如，曾有一家美国企业订购了4万台格力空调，最终发现只有4台空调有问题，不良产品率只有1/10000，这令该企业惊讶不已。再如，胡锦涛总书记到非洲访问，当地人夸赞格力空调做得好，就是有一点"不好"：噪音太小，下班的时候总是忘记关空调。

行动指南

企业要有挑战精神，不仅要挑战同行业的领先企业，更要挑战自我，追求卓越，整合企业所有能用的资源，为中国制造的崛起而努力，不断向行业上游迈进，在国际舞台上发出自己的声音。

02月2日 敢于刀刃向内

按照总书记的讲话，就是要有刀刃向内的勇气。这种向内的勇气就是不要掩盖我们的丑陋，掩盖我们的错误，我们要敢于面对自己犯的错误，要敢于亮剑。格力电器敢于刀刃向内，继续跟自己"斗"，跟奥克斯"斗"。"斗"的是什么？"斗"的是一个诚信。我们不能低于国家标准，低于这个标准就是不诚信的企业，一个对社会不负责的企业。

——"2019 让世界爱上中国造"高峰论坛，2019年12月

背景分析

2019年,《求是》杂志发表了习近平总书记的重要文章《牢记初心使命,推进自我革命》,文章指出:"不忘初心、牢记使命,关键是要有正视问题的自觉和刀刃向内的勇气。"

受此引导,董明珠也在企业内部推出了为期半年的"挑刺行动",鼓励各部门相互进行质量监督。董明珠认为:"人生最重要的意义就在于不断挑战自己,敢于挑战自己是最大的魄力。只有跟自己过不去,才能满足消费者的需求。"在董明珠的领导下,自我净化、自我完善、自我革新、自我提高贯穿格力发展的全过程。正是凭借这种敢于刀刃向内、自我挑战的精神与勇气,格力才能成为家电行业的领军企业。

行动指南

刀刃向内需要莫大的勇气,但它可以揭示企业、组织在发展过程中的问题,剔除"腐肌",让企业、组织保持健康发展。因此,企业要有刀刃向内的勇气,革除内部弊病,才能重获新生,迈进新的发展阶段。

02月4日 做99分,而不是60分

在技术领域里面,我们改变了过去所谓对标准的认识,很多企业认为这个产品合格了,很不错了,但你有没有达到消费者的标准?我们认为,消费者满意才是企业真正应该达到的技术标准。国际标准、国家标准,我认为它就是给你开了一个门,表示你可以进去了,但你坐哪个位置很重要。

就像我们读书一样,我们都从这个学校毕业了,但是一个是60分,一个是99分,那是完全不同的。所以,作为格力电器,对技术的理解要做99分,而不是做60分。不是以国家标准为标准要求我们的产品,而是以消费者的满意度来决定我们对产

品设计的满意度，这是格力电器这几年来不断总结出来的文化。

——《思客讲堂》董明珠演讲，2017年6月

背景分析

过去很长一段时间，在国际市场上，中国制造总与"劣质""低价"等词绑定在一起，这一方面是因为早期我国的市场经济制度不健全，另一方面是因为有些企业过度追求利益，制假造假，严重损害了消费者的权益，逐渐失去了消费者的信任，也严重损害了中国企业与中国产品在世界上的形象。为了解决这一问题，董明珠在人大代表的议案中提出严惩制假造假、销售假冒伪劣产品的企业与行为。

董明珠对外严格，对内更加严格。在过去几十年的发展过程中，董明珠始终将"消费者满意"作为发展目标。但想要让消费者满意绝非易事。在董明珠看来，让消费者满意首先要保证产品质量，打击伪劣产品，满足消费者对产品功能的诉求。为了保证产品质量，格力对零部件采购、生产线进行严格管理，在企业内部大力宣传质量意识，不断完善配套服务，并建立了一套超越行业标准、国家标准乃至国际标准的企业标准，严格执行各种质量管理规范，最终以超高的产品品质获得了消费者的青睐与认可。

从2011年开始，在国内家电行业顾客满意度、忠诚度调查方面，格力多年保持第一。2018年，格力凭借"完美质量"管理模式获得"中国质量奖"，这是中国质量界的最高荣誉，成为格力数十年如一日地坚守产品质量的最好回报。

行动指南

制造企业要立足于消费者需求，不仅要做"正品"，而且要做"精品"。

02月5日 企业发展必须要有精神

一个企业发展必须要有精神，没有精神，逐利而行，是不可能长久的，集体共赢

才是我们的梦想。

格力在未来的发展，不再是一个简单的多少亿元的目标，而是希望通过这个目标来让大家更加幸福美满，在精神上有收获，在物质上有收获，这就是我们的价值观。在未来五年中，要树立格力的价值观，更加坚定斗志，这也是格力的精神。

——2018年度格力干部会议，2018年2月

背景分析

在2018年度格力干部会议上，董明珠从销售管理、质量管理、成本管理、创新能力方面对格力电器的发展战略做了重要阐述。

首先，在销售管理方面，董明珠提出了三点要求，即质量好、服务好、技术先进。同时，她计划全面改革销售管理。未来五年，格力的产品研发重点将转向智能装备领域，坚持以消费者需求为导向、为标准，通过自主创新在智能装备领域取得重大突破，将智能装备推向市场，扩大市场份额。其次，在质量管理方面，格力设置质量标准有两个原则，一是格力的标准要比国家标准、国际标准更严格，二是格力的质量标准要根据消费者需求设定并调整。董明珠非常关注质量问题，认为质量不仅关乎企业的生命，而且关乎消费者的生命。再次，在成本管理方面，董明珠为格力规划的发展方向是智能化、多元化。技术研究要在保证产品质量的前提下降低成本，而这只能依靠管理创新与技术创新。最后，在企业创新能力方面，董明珠非常注重创新，强调创新要为企业服务，更要为社会服务，通过格力的创新平台、创新机制为社会培养更多创新人才。格力就是依靠自己培养的创新人才成为行业领军企业，成为民族品牌。

行动指南

企业精神指的是企业员工所具备的共同的态度、思想境界与理想追求，其内涵非常丰富，包括创新精神、以人为本等。一家企业想要实现可持续发展，必须形成自己的企业精神，并且要在员工群体中形成共识，进而指导企业发展。

02月 7日 达到让消费者满意的标准

我们经常讲达到标准,这个标准不一定是消费者满意的标准。所以,企业在制造过程当中,一定要记住什么是满意的,什么是符合标准的,那就是你的用户对象,他满意你就应该满意,他觉得好你就是幸福的。

——2019博鳌新浪财经之夜,2019年3月

背景分析

随着商品种类与数量供过于求,卖方市场转变为买方市场,消费者需求、消费者满意度成为企业关注的焦点。有些制造企业认为,只要达到国家标准即可。但其实,国家标准是对制造企业的最低要求。随着消费者的消费理念、消费需求不断升级,只达到国家标准已经无法令消费者满意。正如董明珠所说:"一个企业能够生存下去,就是因为你提供的东西给别人的生活质量带来提高,这样才可能有市场需求。现在的消费者需求已经发生变化,如果还是做跟随型的产品,就没有市场了,所以一定要为消费者需求着想,并且要以品质为先。"

高品质意味着高标准,格力始终以"让消费者满意"为标准,而要达到这一标准要比达到国家标准、国际标准难得多。无论国家标准还是国际标准都有明确的规定,有具体的数字要求,而"让消费者满意"这个标准没有明确的指标,只能不断试验、调整,根据消费者反馈再试验、再调整。而追求高标准的结果就是占据了较大的市场份额,格力空调在全球市场所占份额超过了20%,足以说明获得消费者认同的重要性。

行动指南

在目前的市场环境中,企业要坚持以消费者为中心,不要满足现有的标准,要勇敢地超越各种标准,引领整个行业发展。

02月13日 只打质量战

格力只打质量战，不打价格战。

——《行棋无悔》，2006年12月

背景分析

"不打价格战"，是坚持，也是底线。

1996年，我国华东地区遭遇了一场百年不遇的灾难，经历了40多天的梅雨期，空调市场销量惨淡，价格战愈演愈烈，牵涉的品牌越来越多。在此期间，格力很多经销商都要求降价，董明珠却始终不为所动。董明珠认为："价格太低，专卖店为省钱，难免牺牲安装维修，给用户提供劣质产品。我认为，在难以保证质量和售后服务的地方，格力宁愿让出市场。"对于董明珠的这个理由，很多经销商并不接受，格力面临的降价压力越来越大。由于格力坚持"让市场不让利"，最终被竞争对手侵占了大部分市场。

那一年，国内的空调市场狼烟四起，国产品牌之间、国产品牌与国外品牌之间奋力厮杀，品牌降价幅度越来越大，各种营销概念层出不穷。最终，一大批厂家因为无力支撑不得不宣布破产倒闭。价格战的结果就是厂商和消费者两败俱伤。企业为了降价销售，必然会利用偷工减料、以次充好等方式降低产品生产成本，这种方式不仅会使企业信誉扫地，还会给消费者带来损失。久而久之，国内整个空调行业信誉就会荡然无存。此后数年，中国空调行业就会在价格战的漩涡里挣扎、沉沦、自相残杀。

虽然空调行业每年都会发生价格战，但董明珠认为"'唯价格论'是非常危险的行为，对整个行业都是一种致命的伤害"。所以无论在过去还是未来，格力都抵制价格战，只用产品质量说话。

| 行动指南 |

为了促销，价格战已经成为企业常用的武器，但这种武器却"杀敌一千，自损八百"。为了维护公平竞争的市场环境，维持行业良好的生态，企业不要轻易地发起价格战。以产品质量论高低，不是更公平吗？

02月16日 竞争是永恒的

竞争是永恒的。我们今天，比如在空调方面确实在世界上成为一个领先者。但是，你要知道我们对空调背后的一些材料的生产制造，还没有完全掌控。所以，我觉得在中国走向制造强国的时候，一定要解决在后面支撑这些生活用品的材料无法自主研发的问题。

——《莉行观察》吴小莉对话董明珠，2018年3月

| 背景分析 |

2010年3月，格力发起了一个征集令：凡1995年12月31日前购买格力空调并且空调至今仍在正常使用的用户，均可以凭有效证件，成为格力空调"15年品质见证大使"。最终，格力找到了一台使用年限长达19年的空调，而且这台空调运行情况良好。一般来说，空调的使用寿命大约为8年，格力发起征集令寻找使用了15年的空调，已经令人吃惊，没想到最终还发现一台"古董空调"。为什么格力空调可以有如此长的寿命呢？格力工程师认为，这台古董空调之所以能够运行19年，与格力多年来一直专注于空调研发与生产有关。

很多企业发展壮大之后会拓展其他的业务线，寻求多元化发展。但在2016年之前，空调一直是格力的核心业务，研发、生产、销售等所有部门的努力都是为了生产出高品质的空调。虽然格力已经处于行业领先地位，但董明珠始终心存忧患，认为"规模大绝不意味着领先，如何让企业拥有无法取代的核心竞争力才是制胜法宝"。在企业

的核心竞争力中，品牌、技术与创新是非常重要的三个要素。

行动指南

竞争是永远存在的，企业家必须保持忧患意识，不能因为一时的成功而懈怠。比尔·盖茨说："微软离破产只有 18 个月。"企业家只有保持这种危机意识，警钟长鸣，才能先知先觉，主动创新，规避风险，为企业的长久发展保驾护航。

02月17日 让灰色商业"寸草不生"

一个企业在发展的过程中，经常会面临的就是交易，交易里面存在很多灰色的、拿不到台面上来的东西，这会影响企业的发展，甚至影响整个社会的发展，所以我觉得在与这些行为斗争的时候一定要让它"寸草不生"。

——《对话》之"打造中国制造的黄金名片"，2017 年 3 月

背景分析

2017 年，董明珠做客央视《对话》栏目，节目组给出了四个标签，分别是"为自己代言""让世界爱上中国造""走过的路寸草不生"和"营销女王"。对于这四个标签，董明珠都表示认同，并为自己增加了一个标签"要把爱献给世界"。

对于"走过的路寸草不生"这个标签，董明珠做了一番解释，她认为商业交易里总是存在一些灰色行为，对于企业发展、社会发展都极为不利，企业一定要与其斗争。实际上，在董明珠掌控格力的这些年间，她一直在"斗争"，与有背景的员工"斗"、与上层"斗"，甚至与亲人"斗"。在这些斗争中，董明珠不惧怕、不妥协、不停止。

董明珠的斗争从她做销售工作时就开始了，面对空调行业拖欠货款的问题，董明珠给自己定下第一条商规——先款后货，决不赊账，并警告经销商："凡拖欠货款的经销商一律停止发货，补足款后先交钱再提货。"一时间，经销商纷纷向朱江洪"告状"，

并扬言"有她没我",董明珠毫不畏惧,并针锋相对,"有我没他"。

在董明珠与经销商的"斗争"中有一个经典案例。河北某经销商拖欠格力200多万元的货款,却依然要求提货,董明珠要求他先付清拖欠的货款再谈。对方将这个事情告到了集团,集团领导劝董明珠可以在客户补完拖欠的货款后,先发货再收钱,遭到了董明珠的严词拒绝。经销商无奈,支付了100万元的提货款,董明珠却将这100万元扣下来弥补欠款,引得客户大怒,领导再次前来说情,董明珠毫不退让,最终客户又支付了50万元要求提货,董明珠扣下25万元弥补欠款,发了25万元的货。不久,这家经销商被查封,董明珠懊悔不已,认为当初应该将50万元都扣下来。在董明珠"不讲人情"的"斗争"下,格力电器的三角债问题得到彻底解决。

行动指南

灰色商业对企业、行业有百害而无一利,企业家要敢于与其做斗争,维护企业利益,维护行业公平的行商环境、竞争环境。

02月19日 "忠诚、友善、勤奋、进取"

后来格力将企业精神改成"忠诚、友善、勤奋、进取",就是这次业务员"集体辞职"的教训。我们把"忠诚"放在首位,绝不是要求愚忠,而是要求员工忠诚于企业,忠诚于事业,忠诚于消费者。我们千方百计使"忠诚"在每一个员工心中扎根,契约时代,诚信第一。在我负责经营部后,对销售人员的基本要求就是,每个人要在头脑中形成"我代表格力"的观念,要求他们能在是非问题上坚持原则,作风正派。

——《棋行天下》,2000年4月

背景分析

1994年10月,格力召开了为期三天的订货会。在会议期间,格力准备跳槽的业务员到处游说经销商，吐槽格力内部管理存在诸多问题，使得本该关注营销的订货会火药味十足。当时，格力的内部管理确实比较混乱，而且公司的高层领导把主要的精力放在产品质量和技术开发上，对此类问题不够重视，因此很多经销商产生了动摇，为格力的前途感到担忧。

仍为业务员的董明珠虽然不满于这些业务员的做法，但苦于没有过硬的理由说服经销商，因此也感到有心无力。大批业务员的出走，无疑对格力造成了巨大的损失。由于经营制度不完善，此前记账十分混乱，关于仓库货物的存放情况等问题主要由业务员把握，业务员离开后，货物的流向也难觅踪迹。此事发生后，格力的管理者也开始意识到企业中层干部队伍建立和稳定的重要性。

行动指南

企业文化能够增强员工的归属感、荣誉感、成就感、责任感和使命感。

02月21日 打造企业内部的向心力

企业内部的向心力非常重要。在我们国家，当问到一个人做什么工作时，他多半会先告诉你他的职业，然后才说是哪个单位的。但日本人不同，他们一定是先说公司，后说职业。我认为这一点很可贵，具有公司意识，才会自觉地与公司甘苦与共。

——《棋行天下》，2000年4月

背景分析

在接管经营部的初期，董明珠曾跟同事讲起自己去日本考察时的见闻。某日本公司的一位高级职员陪了他们一天，夜里将近10点将他们送到宾馆后，坚持先回公司而非直接回家休息，他认为自己今天本该在公司做的工作还没有做，所以必须先回公司完成工作。这件事让董明珠极为震惊，她不由得感叹：日本企业的员工有一种我们缺乏的内在的东西，这不仅仅是勤奋，还包括高度的责任心。日本工厂关于生产线方面的管理，是一种真正的基于人的管理，会不断趋于完美，而且员工会自觉考虑如何解决企业的成本问题，这些都是值得我们学习的。而我们如果不具备这样的责任感，如何发展企业、振兴民族？

此外，董明珠还举例：当年冠雄由于亏损严重，发不出工资，员工只能去关口卖香烟；海利艰难的时期，空调堆在仓库里没有销路，员工只能去扎花卖钱。[①] 通过这样推心置腹的交谈，经营部的同事也认可了董明珠制定的严格的纪律，格力经营部的精神气象有所转变。正因为董明珠花大力气改善企业管理，格力的向心力才能够越来越强，格力才能一举成为国内空调行业的领军企业。

行动指南

企业向心力是一只"无形的手"，能够制约、调整和推动企业的整体运营。

02月22日 永远在创业

世界上没有永远的胜利者，对格力来讲，第一第二也不是最重要的。重要的是保持清醒的头脑，无愧于"好空调，格力造"这句简单朴实的话。在格力，不存在守业之说，格力永远都在创业。格力人认为，我们的责任和义务，是缩短整个中国空调行业与世界先进水平的差距，站立于世界产业经济之林。

——《棋行天下》，2000年4月

背景分析

据董明珠观察，中国的家电企业有一个弊病——喜欢在一个很小的范围内争谁是

---

① 格力电器由冠雄塑胶厂与海利空调厂合并而来。

第一、谁是第二。董明珠觉得，这样的做法毫无意义，即使你能够在这个小范围内成为第一，也有可能目光短浅。企业应该把自己视为最大的竞争对手，在修炼好内功的同时，将目光尽可能放长远。董明珠觉得，格力的终极目标不应该是夺取全国第一，而应该是追求国际化发展。

1996 年 10 月 8 日，格力新的空调城落成，占地 20 余万平方米，以单厂年生产 250 万台的规模居市场第一。东南亚各个国家都曾是格力的主要市场之一，亚洲金融危机之后，格力又将目标转向南美。1997 年 5 月，欧洲企业家协会将第二十二届"国际最佳品牌奖"授予格力，这是 22 年来中国产品第一次拿下该奖。1999 年新年伊始，格力通过了欧盟 CE 认证，从而获得了在欧盟 15 个成员国内流通销售的"通行证"，成为国内第一家取得国际市场"金钥匙"的空调生产企业。格力还在巴西设分厂，2001 年巴西格力竣工投产，格力真正成为"世界的格力"。

行动指南

永远像一个创业企业一样，拥有前进的激情和动力。

02月23日 具有迸发力量

对于一个企业来说，获奖是阶段性的，获奖就是在这个时间点上，对你所创造的价值给一个很好的评价而已。对格力来讲，我们一直致力于要永远在创新的路上。中国作为世界的一部分，用什么来体现自己的价值呢？那就是日渐国际化的企业拥有领先的技术。我觉得要成为领先的创造者，那自身要具备一种力量才可以。

——中新经纬独家对话董明珠，2021 年 6 月

背景分析

近年来，温室效应、气候变暖引起了全世界的广泛关注。我国是碳排放大国，一

年的碳排放量达近百亿吨，占全球碳排放总量的1/3。对于我国来说，碳减排势在必行。在2020年的联合国气候大会上，习近平主席提出"2030年前实现碳达峰，2060年前实现碳中和"的目标，为我国各行各业的转型升级指明了方向。

在碳排放结构中，住宅建筑空调产生的碳排放占比不小。据美国落基山研究所预测，到2100年，仅住宅建筑空调的使用就有可能造成全球气温升高超过0.5℃。为了减少住宅建筑空调的碳排放，全球制冷技术创新大奖赛应运而生。作为空调行业的领军企业，格力携手清华大学组成联合创新团队，斩获大赛最高奖。

在此次比赛中，格力与清华大学组成的研究团队以"将家用空调的碳排放降低至当前水平的1/5"为目标，开发出集蒸气压缩制冷、光伏直驱、蒸发冷却及通风等技术于一体的格力"零碳源"空调技术，以节约室内制冷的能源消耗，提高室内制冷的舒适度。据全球制冷技术创新大奖赛主办方预测，如果家用空调的碳排放能够降低至目前水平的1/5，到2050年之前就可以减少1000亿吨的碳排放，到2100年就可以减少0.5℃的升温，意义重大。格力之所以能够携手清华大学在此次大赛中取得如此优异的成绩，与其在光伏技术应用方面的丰富积累密不可分。光伏技术是格力应用频率最高的一项"国际领先"技术，凭借光伏直驱变频离心机系统，格力创造了零能耗的中央空调。在此次大赛之前，格力还推出过很多节能降耗方案，例如"零碳健康家""光伏战士之家"等。

行动指南

企业在发展过程中要注意积累与沉淀，积累丰富的资源，掌握先进的技术，在遇到重大历史性机遇时迸发出巨大的能量，成为行业的"领头羊"。

02月26日 重视企业文化建设

技术、质量、管理，是格力电器常抓不懈的3件事，千锤百炼，10年时间，全体员工达成了共识，并且以此为中心形成了一整套企业文化。

在创名牌的战略中，格力是重视企业文化建设的，按我的理解，企业文化是指全体员工在重大是非判断上取得共识，企业有一个统一的奋斗目标。企业文化的主体是提高员工素质，关键是帮助员工建立现代经营理念和健康的价值观。

企业必须建立一种全体员工心中认同的价值观念，一种能促进员工奋发向上的心理环境，一种能保证企业经营业绩不断上升、能积极推动组织变革的企业文化。

——《行棋无悔》，2006 年 12 月

背景分析

格力的企业文化建设主要是由管理带动的。格力管理的直接目的是要保证"精品战略"的实施。格力成立了全面质量管理办公室、筛选分厂、成本管理办公室、外协外购质量管理部、投资证券部等机构，生产和经营的各个层次都是由专门机构负责。

由于意识到战略和机构都需要人，因此，2001 年董明珠担任总经理后，加大了管理改革的力度。2001 年 6 月，下发《关于规范二级效益工资的通知》和《关于增设总经理信箱的通知》，在加强对员工考核管理的同时，进一步强化对中高层干部的监督工作；2001 年 7 月，决定监察部归董事长管理；2001 年 9 月，实行合同制工人和中层干部公开竞选。

行动指南

管理学教授杰伊·康戈尔曾提出："组织文化就如同一只鱼缸里的水，尽管水这种物质无色无味，不易被人察觉，但它的化学元素却给鱼缸中的生物提供了赖以生存的基础和保障。只有当员工的个人价值理念与组织价值理念相一致时，他才能在工作中感受到真正的自由和快乐。而组织价值理念最大的表现特征就是组织的文化。因此，要想吸收和留住优秀的人才，而且促使他们发挥自己的最大潜能，就必须要培养和建立一种具有吸引力的组织文化。"

02月27日 创造好环境

什么是"好环境"？能够既实现自我又服务社会就是好环境。在当代中国，格力就是好环境。在这一环境中，我无论付出多少，都是值得的。

即使有了好环境，一个人的成长道路也不可能一帆风顺。实现自我也好，服务社会也好，都不是轻易能实现的。我对自己的格力生涯的感受很复杂。环境是外因，自己是内因，不是每个拥有好环境的人都能实现自己的目标。

——《行棋无悔》，2006年12月

不是年轻人不行，而是要打造更好的环境，让90后有责任感，增强他们的责任感和对社会的奉献精神，这种精神力量是很大的。

——《中国企业家》专访董明珠，2018年6月

背景分析

随着90后相继进入而立之年，他们逐渐成为企业的顶梁柱。在格力电器，90后年轻人占比大约为40%，其中很大一部分逐渐担起了重任。在第一批90后进入公司时，董明珠担心他们的抗压能力、受挫能力太差，于是专门成立了一个部门，对90后年轻人实行新的培训计划，专门加强思想教育和体能教育，告诫年轻人要有吃苦精神，要有团队意识，不要以个人为中心。

在董明珠看来，"人的品质是环境造成的，年轻人都是可塑的"，"如果说这一代年轻人有错误，那是上一辈人教错了"。董明珠认为企业要给年轻人创造更好的环境，培养年轻人的责任意识，增强他们的责任感与奉献精神，让年轻人迸发出巨大的精神力量，只有这样，企业才能在健康发展的过程中承担更多社会责任。格力电器每年都会进行校招，有很多90后的大学生毕业后就进入了格力。例如，格力的工业自动化团队，起初只有3人，随着进入的年轻人越来越多，逐渐发展成为50多人的大团队，负责了格力电器很多工业自动化项目。

行动指南

未来,"年轻人扛大旗"的现象将越来越多,如何将年轻人培养成合格的接班人,让年轻人充分发挥自己的才能与潜能,释放出活力与生命力,助推企业发展,关键需要企业为其创造良好的环境。

02月28日 切勿"沙上建塔"

我觉得当时这样的一个赌局并不是互联网和实体经济的一个赌局,而是一个企业的经营思维的赌局。如果今天我们的实体经济不存在,你认为还能有互联网吗?它必须要依附这些。实体企业来为它做产品,它才可能谈有销售。这个是不变的。

所以,我觉得在当时大家都急于做轻资产,认为那是最好的。那我们每一个都选择轻资产,谁来承担重资产?没有重资产怎么实现轻资产?所以我们就选择了做这样的一个吃亏的事情,重资产可能付出的要比轻资产多得多,效益来得也没有那么快,但是它很扎实,所以在做这个选择的时候,我们如果随波逐流,拼命地、盲目地求大,或者甚至把市值炒到几十倍,可能看起来我们赚了很多钱,市值涨了很多倍,但是它可能像一个沙滩上的建筑物,瞬间就倒塌变成流沙了。所以还是应该坚持用一种吃亏的精神来看我们的事业。

——《莉行观察》吴小莉对话董明珠,2018 年 3 月

背景分析

董明珠不止一次地强调过实体经济的重要性,甚至还为此与小米的雷军立了一个赌约。2018 年,格力与小米的赌局到期,格力胜出。事后,董明珠非常大方地表示"这场赌约就是个玩笑"。在第十七届中国经济论坛上,董明珠再次提及这场赌约,她表示"格力的胜出是没有悬念的,因为制造业才是未来"。

在互联网飞速发展,轻资产、新兴产业备受推崇,实体经济屡屡被看衰的当下,

董明珠始终坚持"重资产的制造业才是未来",国家强调的"经济不能脱实向虚"也证明了这一点。如果所有人都放弃重资产的实体制造业,轻资产的互联网产业就失去了生存的基础,就如在沙上建的塔一样,非常容易倾倒。谈及传统产业与新兴产业,董明珠认为如何选择取决于个人想法。轻资产的互联网企业固然有很多优点,但只有制造业崛起才真正顺应时代的发展趋势,才有助于"制造强国"建设,才能真正地改变世界。董明珠认为:"如果所有人都去做互联网,整个经济就会混乱。互联网必须要靠实体经济来支撑,才是最完美的组合。"

面对互联网的强势侵袭,董明珠强调实体经济要坚持自己的原则,不要被互联网经济轻易蛊惑,要坚持走自主创新、技术创新的道路。因为离开了互联网,实体经济虽然生存艰难,但也可以生存下去,但离开了实体经济,互联网经济就很难存活。

行动指南

面对互联网带来的巨大冲击以及互联网经济的快速崛起,制造企业要慎重抉择,不要因为一时的利益转投互联网的怀抱。在从制造大国向制造强国转型的过程中,实体经济、实体制造业才是国家的支柱产业,离开实体经济发展,发展互联网经济无异于"沙上建塔"。

3月
信念:
不断获得新生

03月1日 唯一的方法就是"战斗"

我们每个人都是有梦想的,也都是很辛苦的,我经历过,相信大家的感觉也是一样的。我平常跟别人说,我很坚强,但我哭过几次,只有经历过的人才能体会。今天我们靠眼泪是无法解决问题的,唯一的方法就是"战斗"。

这跟我的性格也有关系,我这个人特好斗,但这种"斗"不是像神经病、疯子一样,跟这个吵架,跟那个斗,不是的,我们"斗"是为了真理,是为了我们的梦想和自己的一种追求去"斗"。

——2018博鳌新浪财经之夜·正和岛夜话,2018年4月

背景分析

一家企业在崛起、发展过程中会遇到很多问题,无论是企业领导人还是企业员工都要保持"战斗精神",攻坚克难,为企业健康发展保驾护航。在格力发展的过程中,董明珠就像战士一样,永远充满斗志,而且非常推崇"斗争哲学"。

在接受《人民日报》《中国经济周刊》等媒体采访时，董明珠表示"一个企业，一个人，即使今天做好了，你再想前进，依然会有新的问题，依然是要靠'斗争'成长"。董明珠赋予"斗争"两大内涵：一是跟自己"斗"，也就是明确自己的底线，坚持自己的原则，与一切想要冲破底线、冒犯原则的人与事斗争；二是明确发展目标，制造企业要以"制造强国"建设为目标，为中国的强大而奋斗。想要实现这个目标，唯有依靠坚持不懈的"战斗"。2018 年，习近平总书记曾前往格力电器考察，在考察时强调了制造业的重要地位，鼓励所有制造企业坚持创新，"有自主创新的骨气和志气，加快增强自主创新能力和实力"，掌握关键核心技术，自力更生，艰苦奋斗。

行动指南

商场如战场，在复杂多变的市场环境中，企业要有攻坚克难的"战斗精神"，遇到任何困难都要敢于亮剑，提高企业的生命力、竞争力，让企业顽强生存下去。

03月 3日 追求内在精神力量

人要干成一番事业，企业要有大的发展，都必须有一种精神力量，有一种理想信念。有位在世界各地开大饭店的老板，谈起创业经历时说："我问自己，我要开什么样的饭店？它应该是这样的地方——当一个人来过又离开后，他还想带着他的亲人、朋友再来这里。"这不是赚钱的问题，而是一种人生的信念，这就说明我的工作是对他人有利的，我是为他人所欢迎的。

格力有希望具有这种内在精神力量。

——《棋行天下》，2000 年 4 月

背景分析

从一开始推销海利，到后来推销格力，董明珠都有这样的期待：希望用户在使用自已推销出去的空调之后能够把空调推荐给自己的亲朋好友。实际上，处于发展初期的海利所生产的空调跟当时的许多国产空调一样，质量上并不算完全过关。比如，曾经发生过海利的空调在卸车时空调器铜管断裂的意外事件。但由于具有向上的精神力量，短短几年时间，格力就快速成长起来，并生产出了可以和国外知名品牌抗衡的产品。

1994年，格力结束了仿制外国名牌的历程，焕发出了新的生命力。独立开发出了"空调王"、格力灯箱柜机等优秀的产品，一举登上国内空调出口第一的宝座。同样在1994年，格力还通过了日本JIS认证、德国JS认证等，并成为国内第一个拿到"欧洲家电市场通行证"的品牌。在这一年，格力从名不见经传的小企业成为国内"十大名牌"之一。正是由于格力把产品的开发和质量视为企业的生命之源，因此才拥有了强大的内在精神力量，抓住了企业发展的正确方向。

行动指南

内生动力，能够为企业提供强大而持久的生命力。

03月4日 不断获得新生

"管理学之父"德鲁克有一个判断：人类创造的所有事物的寿命都是有限的，企业不败的神话是一些人编造出来的，很少有公司能保持25年不败。据调查，全球500强平均寿命是40~50年，一般跨国公司寿命是11~12年，中国大公司平均寿命只有7~8年，而中小企业平均寿命仅4年。

如果是这样，格力的寿命也只有7~8年。目睹国内不断涌现又迅速消失的"流星"企业，巨人、爱多、秦池、三株等，我不能打包票说格力一定长盛不衰。但我相信，通过全体格力人的努力，格力一定不会在可以看得到的时间内由盛而衰。重要的是必需吸取"流星"的教训，重要的是必须坚定信念，不断挑战自己，不断获得新生。

——《行棋无悔》，2006年12月

背景分析

与国外的企业相比，我国的企业具有一个明显的特点——寿命普遍偏短。随着"大众创业、万众创新"的提出，一大批中小型企业纷纷成立，却又在极短的时间内倒下。

美国《财富》杂志提供了一组数据："美国中小企业的寿命一般不超过7年，而大企业的寿命一般不超过40年。而在中国，中小企业的平均寿命仅为2.5年，集团企业的平均寿命也仅有7~8年。美国每年倒闭的企业约为10万家，而中国的这一数字为100万家。"企业的寿命短，往往有多方面的原因，而格力作为我国企业的领军者，已经拥有超过30年的寿命，这与经营者的管理有十分密切的关系。

董明珠在谈到企业寿命问题的时候，曾经联想过一个场面——一场大火将美国某家企业化为灰烬，公司总裁站在废墟前，面对不知所措的员工，用充满激情的语调说："我们会在这里重建一个比现在更美丽的企业！请大家相信我，并和我一起奋斗！"一年后，他的话变成了现实。董明珠认为，如果在将来的某一时期，格力发生危机，她也一定能够像这位美国的企业家一样带领大家走出困境。

行动指南

曾被誉为"近世以来最伟大的历史学家"的汤因比认为："成功应对一次挑战的具有创造性的少数人，必须经历一种精神上的重生，才能使自己有资格应对下一次、再下一次的挑战。"

03月6日 做到没有标杆

所以当一个企业做到老大的时候，任正非说，华为前面没有标杆了，出现迷茫了。企业是不是迷茫呢？我们这种制造业企业，永远没有迷茫的那一天，消费者的需求就是你的目标，消费者想要的就是你的标杆。企业的创新永无止境，我们永远在路上。

——第五届中国家居业重塑产业链价值体系大会，2019年11月

背景分析

自改革开放以来，我国制造业飞速发展，不仅建成了世界上门类最齐全的工业体系，而且工业产量超越美国成为世界第一。也就是说，生产力早已不是制约我国经济发展的主要问题。同时，随着消费不断升级，商品价格与实用性早已不是消费者选购商品时考虑的主要因素，商品品质、创意等逐渐成为影响消费者购买决策的关键。

为了引领新制造，改变世界，格力创造了很多"网红"产品，备受海内外消费者青睐。例如，2013年，格力电器首创光伏空调，并在光伏空调的基础上推出光伏离心机、光伏多联机等产品，在家庭、学校、工厂、办公楼等场所推广应用，极大地减少了电力消耗，受到了热烈追捧；2017年，集高效发电、安全储电、可靠变电、实时能源控制、能源信息集中管理、轻量化交互等功能于一体的格力G-IEMS局域能源互联网系统，对全球的节能减排产生了积极的推动作用；2019年，格力推出"格力·火凤凰"超低温制热系列产品，为北方地区的清洁能源取暖改革平添助力。作为空调行业的领军企业，格力努力将自己打造成行业标杆，主动开发产品、创造市场，成为新时代家电消费的引领者。

行动指南

行业标杆固然有引领作用，但企业想要实现更好的发展，不能一直向标杆看齐，要有超越标杆的精神与勇气，突破行业标杆的限制，勇于创新，开拓未知的领域与市场，将自己打造成行业标杆。

03月7日 决心和信心缺一不可

我们能不能做得成，看的就是我们的信心在哪里，我们的决心有多大。一个没有决心、没有信心的人，只有依赖别人。依赖别人的话，你永远是跟随者。中国是一个大国，要成为一个创造者，同时在创造的过程当中，我们希望通过竞争来使中国制造的品牌真正地赢得世界的尊重。

——创新设计助力新兴产业发展会议，2018年9月

> 背景分析

早在2010年全国两会期间，时任工信部部长的李毅提出"提升中国的产业水平，关键是要下定决心，不断提高科技水平，不断推进技术进步，加强人才培养，中国的产业水平才能站上一个新台阶"。在发言中，李毅特别强调了"决心"二字。对于制造企业来说，进行技术创新格外需要决心。

2001年，格力团队前往日本购买变频多联式空调技术遭到拒绝。回国后，格力管理层下定决心，一定要拥有自己的核心技术，随即组建攻关小组，仅凭一套从日本带回来的样机与产品说明书就开始了技术攻关，一年后，格力成功研制出中国第一台拥有自主知识产权的变频一拖多空调机组。此后，凭借这种决心与信心，格力突破了很多技术难关，创造出多个"第一"，例如中国第一台大型离心机组、世界第一台超低温数码热泵多联机组、世界第一台新型高效离心式冷水机组、全球首条碳氢制冷剂R290（俗称丙烷）分体式空调示范生产线等。通过技术创新，格力成功地进入了国际市场，成为行业领军企业。

> 行动指南

面对机遇与挑战，企业管理者的决策非常重要，而帮助管理者做出决策的两个关键因素，一是决心，二是信心。企业管理者要有信心能够抓住机遇，要有决心能够应对挑战，在激烈的市场竞争中占据自己的一席之地。

03月12日 企业决策的根本是团队和决心

目前格力的芯片已经研发出来，但要实现批量化生产还需要时日。由于目前还不

能做，所以我想一定要敲开这块砖。不能做有很多原因，比如设备、工艺受限，但是我觉得任何事都是开头难，不能因为难你就不去做，那谁去做？我觉得我应该去做这个决定。设备和工艺的关卡攻克，需要看你的团队和决心。什么都会难，格力电器过去 20 多年，从销售额来讲，已经增长了接近数倍，我们所创造的利润、税收，都远远超过数倍的增长量，你说这难不难？最难的是自己的心，你自己觉得难，那就难。

——《面对面》之"董明珠：奋斗与创造"，2019 年 3 月

背景分析

一直以来，我国的芯片都依赖进口。2015 年，董明珠意识到芯片自给自足的重要性，于是提出自主研发芯片的想法，设立格力微电子所和功率半导体所，开始研发芯片，并明确表示芯片研发经费按需投入，不设上限。几年后，美国限制甚至禁止对华出口芯片，就在众企业绞尽脑汁地思考如何突破封锁之际，格力已经在"造芯"路上迈出了一大步。

对于坚持技术创新，掌握了很多关键核心技术的格力来说，芯片成为现阶段最后一个需要攻克的技术难关，拥有自己的芯片不仅可以摆脱国外企业的限制，而且可以实现标准化、模块化设计，进一步提高空调等产品的质量。万事开头难，芯片研发更是如此，格力面临的第一个挑战就是要快速组建一支芯片研发团队。为此，格力一方面自主培养芯片人才，一方面积极引进专业技术人才，组建了一支高精尖的芯片研发团队。研发团队经过无数次调试、修改与打磨，通过与空调研发团队密切沟通，最终生产出了可与进口芯片相媲美的芯片，在格力空调中得以应用。

2018 年，格力电器成立珠海零边界集成电路有限公司，专门从事芯片研发与生产。经过短短两三年的时间，零边界公司芯片年销量超过了千万颗，在一定程度上满足了中国制造企业对高品质工规级芯片产品的需求。目前，零边界公司将研发重点转向了工业级 32 位 MCU、AIoT SoC 和功率器件方面，可以为智能家居、智慧能源管理、工业控制、医用等领域提供一站式解决方案。

其实，格力研发芯片最初并不被人看好，但董明珠不为所动，力排众议，坚决做出了研发芯片的决定。不是因为她过度自信，而是她相信凭借专业技术团队的努力，格力一定可以研发生产出自己的高品质芯片。

行动指南

企业不能盲目，不能仅凭决策者的经验、理想甚至是一腔热血做决策，决策者要理智思考企业现有的资源是否足以支撑目标的实现，尤其是企业的人才资源。

03月15日 一定要做"最好"

别人掌控了你的喉舌的时候、卡住你脖子的时候，你要知道你不能被他卡住。比如，我为什么搞数控机床？是因为我们要把一个部件做成极品、做成精品的时候，要求的那个精度是非常高的。但你实现不了，因为你没有这样的设备来保障，所以你干什么？你只能采购别人的，那别人假如不卖给你呢？那你就没办法做出精品了。为什么我们只能依赖别人的数控机床？为什么我们就不能用自己的数控机床去提供服务呢？所以，我们应该始终有梦想，就是一定要做世界最好的。

——《莉行观察》吴小莉对话董明珠，2018年3月

背景分析

2001年年底，格力电器前董事长带队前往日本考察，为了引进变频多联式空调技术，提出了很多让利条件，甚至表示愿意由日本方决定合作方式以及市场资源分配等，却惨遭拒绝。回国后，格力立即组织技术攻关小组，围绕变频多联技术开始了艰难的技术攻坚。一年后，格力制造出了全国第一台拥有自主知识产权的变频一拖多空调机组。五年后，先后有三家日本企业到格力考察，并提出了并购合作的想法，无一不被拒绝。从被动到主动，正是格力始终坚持科技创新的成果。

2006年夏天，重庆遭遇了50年难得一遇的高温天气，最高温达到了44.5℃，很多品牌的空调"罢工"，只有格力空调始终正常运转，为人们送去清凉，这正是格力始终以高于国家标准的要求组织设计与生产的结果。为了不断提高自主创新能力，格力每年在技术研发领域投入的资金都会超过销售收入的3%。在我国空调行业，格力

投入的科研费用最高。正是在这些研究人员的努力下,格力的空调品种与规格才能高居世界首位,发明专利申请数量才能常年居行业之首。

> 行动指南

"一个没有脊梁的人永远挺不起腰,一个没有核心技术的企业永远没有脊梁。"对于制造企业来说,技术创新是构筑核心竞争力、提高在世界市场上的话语权的关键。

03月18日 实体经济支撑强国梦

要透过一个事件看本质,它起到的最坏的作用,就是让更多的实体经济企业不愿意去搞实体经济,而全靠金融杠杆在市场上的运作来赚取、谋取最大利益。我们国家正处于崛起的时期,要想实现强国梦,唯一能支撑它的就是实体经济。

比如说格力电器,1000多亿元在账上睡觉,这对它来说是多大的诱惑,然后格力股价市值又没有那么高,它如果用几个新闻一炒,暴涨了几十倍,然后把钱赚走了,致使受害的是整个社会,而不仅仅是一个企业。

——《对话》之"聚焦实体经济,为中国实业代言",2016年12月

> 背景分析

进入互联网时代以来,电商经济迅速崛起,给实体经济造成了巨大的冲击,导致很多人都认为电商经济将颠覆实体经济,成为主流发展趋势。那么,实体经济真的会被电商经济淘汰吗?关于这一问题,电商经济与实体经济两个阵营曾发生过多次交锋:马云作为阿里巴巴的掌门人,非常看好互联网经济的发展;格力掌门人董明珠则表示反对,认为离开实体经济支撑的互联网经济就是无本之木。

事实上,对于一个国家来说,实体经济的重要性不言而喻。实体经济是一国经济的立身之本、财富之源,是国家强盛的重要支柱,是现代化经济体系的坚实基础。习

近平总书记不止一次地强调实体经济的重要性，鼓励制造企业自主创新，提高创新能力与竞争力，走出国门，提升国际影响力。格力的自主创新一方面是为了突破国外的技术封锁，实现更好的发展，另一方面是为了助推"制造强国"建设。因为企业与国家密不可分，企业竞争力的提升会在一定程度上带动国家竞争力的提升，国家整体实力的提升也会惠及企业。

从2010年提出"格力·掌握核心科技"到现在，格力已经掌握了33项"国际领先"技术，包括1赫兹变频技术、双级变频压缩机、空调光储直流化关键技术等。从2016年开始，格力进军智能家居领域，开始自主研发智能装备的关键核心零部件，成为国家高端装备制造业标准化试点基地。凭借一系列技术创新，格力的市场占有率不断扩大，在国际市场上的地位明显提升，对"制造强国"建设产生了积极的推动作用。

行动指南

实体经济是一国经济的重要基础，是防范化解风险的重要保障，是构筑未来发展战略优势的重要支撑。为此，实体企业要勇担重任，坚持走自主创新的发展道路，攻克技术难关，突破国外的技术封锁，提高自己在国际市场上的地位，为制造强国建设贡献力量。

03月21日 困难面前更需要信心

今年一季度，我们的营收下降了300多亿元。这300多亿元当时确实让我受到一关惊吓，而且当时疫情比较严重，可能还会遇到更多不确定的因素，但是我觉得要有信心。我们面对困难的时候不是退缩，而是极力地去想解决方案。

第一，解决方案要跟国家一致，不裁员。今年受疫情影响，很多企业都在裁员，格力也同样面临巨大的压力，一季度我们的营收下降，但无论再困难，我们都不能裁员，这就为保持社会稳定做了一些应该做的事情。你如果把一两万人裁掉了，他回到社会上没有工作，没有支撑他生存下去的能力，结果可能是具有极大破坏性的。企业在困难的时候，无论如何都不能裁员，哪怕我觉得这个困难确实很难，难到自己根本解决不了，那可以去找政府或相关机构，争取减免相关税费、推迟银行还贷等政策。第二，疫情来了，没有市场了，改变不了那就顺应。怎么办？我们就加大技术研发，做储备。疫情期间，我们不是获取利润而是释放利润，做一些前瞻性的或者眼下需要升级的技术。这样的话，疫情过后，我们将会迎来一个新的市场。所以在疫情期间，我们格力没有考虑收益、利润的问题，而是在考虑未来如何生存发展的问题。第三，继续招人。格力每年都会从全国重点院校招聘 2000~3000 名大学生，今年我们还要再招 5000 名大学生。第四，我们要给员工一个安居乐业的感觉。今年我们 3700 套房已经可以正式投入使用，第一批就给技术人员、技术骨干，但并不是说后面就不管了，我们还会继续，只是一个时间问题，我希望人人能有一套房。

——十三届全国人大三次会议期间董明珠接受采访，2020 年 5 月

背景分析

2020 年，受新冠肺炎疫情影响，我国家电行业整体受挫。根据中国电子信息产业发展研究院发布的《2020 年第一季度中国家电市场报告》，2020 年第一季度，我国家电市场的零售额为 1204 亿元，同比下降 35.8%。其中，空调市场受到的影响最为严重。根据奥维云网发布的数据，2020 年第一季度，国内市场空调零售量同比下降 46.6%，零售额同比下降 58.1%。

面对这种情况，格力没有采取消极措施，一方面继续在技术领域深耕，另一方面主动承担社会责任。在技术领域，格力电器凭借"大容量高效离心式空调设备关键技术及应用"获得国家技术发明二等奖。在国家知识产权局发布的发明专利授权量排名中，格力电器总排名第六，在家电行业排名第一。同时，中国标准化研究院、珠海格力电器股份有限公司等 12 家单位共同起草的《质量管理 基于顾客需求引领的创新循环指南》入选国家标准。

在抗击疫情方面，格力向武汉捐赠 2525 台套杀病毒空气净化器和空调，向各地一线医疗机构捐赠了价值 1000 万元的杀病毒空气净化器，向珠海市 6 所医院、市卫健委和市边检总站等单位和机构捐赠一次性医用外科口罩、KN95 口罩 4 万余个。为了缓解

口罩、防护服等医疗物资紧缺的状况，格力组织开发口罩设备，建设口罩生产线，仅用了不足一个月的时间就实现了口罩投产。

面对新冠肺炎疫情带来的困难与挑战，格力作为行业标杆做出了极好的示范。即便业绩下滑，凭借强大的技术研发能力、严格的质量管控体系、完善的产品服务，格力的整体实力与经营韧性不容小觑，发展前景更加广阔。

行动指南

面对困难，企业最重要的是提振信心，而这种信心源于企业的日常积累，包括强大的技术实力、忠诚的员工队伍等。为此，企业在日常发展过程中要注意积累，增强应对困难的自信与勇气。

03月23日 掌控时代变化

当一个企业说它没问题，这个企业基本要关门。因为你只有不断地去挖掘问题，你才能更好地解决问题，你才能成长得更好。一个企业要成长，一定要能够适应这个时代的变化，同时它又能够掌控这个时代的变化，这是最重要的。

——《对话》之"聚焦实体经济，为中国实业代言"，2016年12月

背景分析

格力能够在几十年的时间里从一个籍籍无名的小厂发展成为空调行业的龙头企业，与其紧跟时代发展密不可分。具体来看，我们可以将格力的发展历程划分为三个阶段。

第一个阶段：提升品质。改革开放初期，在政策的驱动下很多人下海经商。但在那个年代，大部分人经商的主要目的是快速地积聚财富，市场上出现了很多假冒伪劣产品，整个市场充斥着价格竞争，而不是品质竞争。当时，格力没有技术，大部分零部件都需要购买，包括压缩机、电机等，生产的空调就是一个组装产品，根本没有能效

等级。为了解决问题，格力绕过技术，从材料方面着手。1997年，格力提出"好空调，格力造"的口号，董明珠也提出"最好的服务就是不需要售后服务"，借此推动了一场品质改革，使格力空调的质量得以全面提升。

第二个阶段：掌握核心技术。格力很早就意识到掌握核心技术的重要性，不惜投入巨额资金建设研究所、实验室，培养研究人员，在关键技术、核心技术领域攻坚克难，这是顺应时代发展的必然选择。以光伏空调为例，在全球倡导节能减排、绿色发展的时代背景下，董明珠召集技术人员开会，商讨能否用一种新能源替代电能，当时提出了光能、风能、热能等多种方案，最终光伏率先取得了突破。目前，光伏技术已经成为格力应用最广的核心技术。

第三个阶段：多元化发展。随着智能化时代的到来，格力推出了多元化发展战略，开始向智能装备、机器人、数控机床等领域发展。为了解决智能家居设备的储能问题，格力还投资了银隆，进入新能源电池、新能源汽车领域。除此之外，格力的多元化业务中还有铸造，董明珠将其视为格力未来发展的重要基础。

行动指南

企业发展要迎合时代变化。目前，全球经济、产业、政治格局都处在不断变化状态，这给企业发展带来了机遇，也带来了挑战。企业只有抓住机遇，战胜挑战，才能够稳定发展，而这一方面需要企业管理者超前的判断能力，另一方面需要企业不断地创新。

03月25日 敢于抗衡

在2005年的时候，珠海国资委想把格力电器卖掉。那么，作为我个人来讲，实际上也是最大的受益者，待遇会有10倍、20倍甚至30倍的提高，但是作为一个中国人来讲，或者作为一个职业人来讲，他要有一颗企业、爱国家的心。所以，当时我上蹿下跳，阻止了这次买卖。格力电器当时大概9亿美元就被卖掉了，现在市值已经几百亿元，不仅经济上的价值，更重要的是格力现在确实成为国际品牌。

所以，我认为有时候决定如果是错误的，我们就一定跟它抗衡。因为我代表的不是我个人的利益，是整个股东的利益，同时也代表珠海国资委的利益。

——《波士堂》之"铁娘子董明珠的转型之路"，2012 年 9 月

背景分析

20 世纪 80 年代，为了吸引先进技术，我国各地开始大量招商引资。后来，随着国产品牌越来越多，国外品牌在我国市场上的竞争力不断下降。为了进一步拓展在我国的市场份额，一些外国企业开始推行收购战略，即通过收购我国的企业来壮大自身规模，巩固其在我国市场上的地位。在那个年代，我国的本土企业能够被外国企业收购比较困难，企业本身必须具有一定的实力。

事实上，根据以往的经验，国外企业收购我国本土企业的主要目的在于拓展市场，并不关心本土企业的发展，导致很多原本发展得不错的企业，在被外国企业收购后逐渐退出市场，销声匿迹，代表企业包括乐百、小护士等。作为我国家电市场三巨头之一的格力也曾陷入被收购危机。珠海准备将格力卖给美国开利集团，为了防止格力重蹈乐百等企业的覆辙，阻止这场收购，董明珠凭一腔孤勇与政府领导、企业高层抗衡，甚至勇闯政府的办公室，阐明利弊，使这场收购案以失败告终。

如果当初没有董明珠的坚持，我国必将失去一个成功的民族品牌。在董明珠的带领下，格力电器连续数年进入世界 500 强的榜单，成为一个家喻户晓的民族品牌。2020 年，格力营业额 1704.97 亿元，实现归母净利润 221.75 亿元，而开利集团 2020 年的营业额为 174.56 亿美元，归母净利润 19.82 亿美元。董明珠用实际成绩证明，格力电器可以自己走出一条成功之路。

行动指南

商场竞争之激烈与惨烈难以想象，面对强者的恶意打压，企业要勇敢地抗争，维护自身的合法权益，同时要积极地寻求出路，谋求更好的发展。

03月28日 决不妥协

遇到困难的时候不应该妥协。人生会遇到很多的挫折，一个人之所以失败都是因为面对挫折妥协。只要你坚守，只要你自信，只要你真诚，你的挫折也会变成你的经验，或者变成你的动力，让你更加坚强。

——《莉行观察》吴小莉对话董明珠，2018年3月

背景分析

与很多企业一样，格力发展的过程并非一帆风顺，格力在各个时期都面对着各种各样的挫折。比如，员工出走、缺乏技术、被收购、经销商"造反"、线上受阻等，但董明珠一直坚信挫折会成为企业成长的动力。

比如，意识到技术成为制约企业发展的重要因素后，董明珠带领企业的技术人员专注于技术研发，并取得了傲人的成绩。2011年，格力推出双级高效永磁同步变频离心式冷水机组（简称永磁同步变频离心机组），比普通离心式冷水机组节能40%以上，效率提升65%以上，打破了国外企业在中央空调领域的技术垄断，创造出世界上最节能的中央空调。2013年，格力自主研发的光伏直驱变频离心机系统通过专家评审团鉴定，被认定为"全球首创"，达到"国际领先"水平，进一步巩固了格力电器在全球空调行业的领先地位。在格力空调的带领下，我国的空调行业逐渐从全球产业链的下游走到了上游，并成为全球空调行业的引领者。

行动指南

妥协就是失败。

03月30日 从跟随到创造再到引领

格力发展这么多年来，经历了不同的阶段，但到今天，我可以很自豪地说："世界能瞧得起你，是因为你在这个领域里有话语权。在这个领域里，你能用技术改变别人。你拥有先进的技术，而且更重要的是，这个技术是因为你而创造出来的，我觉得这就是一种'质造'。"

在很多场合我都讲，什么叫"中国制造"？格力自己掌握了核心技术，自己能研发出满足人们所想要的渴求的环境，我觉得这就是它的价值，所以在世界的空调领域里面，格力是最有话语权的。什么叫"中国制造"？我觉得这就是"中国制造"。我们从没有自己的技术，从一个跟随型企业变成一个创造型企业，成为一个引领型企业，我们是要付出代价的，这个代价是什么，挑战自己。

——《思客讲堂》董明珠演讲，2017年6月

背景分析

格力的品牌建设大致经过了三个阶段，我们可以将其总结为"质造""技造"与"责造"，在这个过程中，格力从劳动密集型企业转变为技术密集型企业，从规模驱动型企业转变为创新驱动型企业，从专业化空调制造企业转变为多元化工业集团。

第一阶段："质造"，即"质量制造"。改革开放初期，以"三来一补"为特征的加工制造业尤其是家电制造业蓬勃发展，极大地改善了人们的生活，但也生产了很多假冒伪劣产品，这些产品不仅侵害消费者的权益，而且扰乱市场，严重损害了中国制造的口碑与形象。在这种情况下，格力狠抓质量，向消费者承诺一定会生产制造好空调。为此，格力在企业内部发起"质量革命"，树立"人人都是质检员"的观念，打造了一套全流程的质量管理体系，全面提升产品质量，在消费者心目中树立了"格力空调制冷好，用不坏"的品牌形象，迅速赶超其他品牌，成为不少消费者选购空调的首选。

第二阶段："技造"，即"技术制造"。进入21世纪，随着空调生产企业越来越多，

产品越来越丰富，仅凭高质量已经很难在激烈的市场竞争中胜出，于是，格力转向了自主研发核心技术，用创新技术打造新卖点。

第三个阶段："责造"，即"责任制造"。2015年，国务院发布《中国制造2025》行动纲领，中国开启了从"制造大国"向"制造强国"的转型升级之路。在此背景下，格力率先响应国家号召，制定了智能家居与智能制造"双智发展战略"，加强对专业暖通技术、节能环保技术、人工智能技术、智能制造技术的攻关，推动工业与信息化紧密融合，引领整个行业发展。

行动指南

在企业家座谈会上，习近平总书记鼓励广大企业家"做创新发展的探索者、组织者、引领者"，"努力把企业打造成为强大的创新主体"。企业家要积极响应号召，做创新发展的探索者、组织者与引领者，在国际舞台上掌握更多话语权。

03月31日 用技术创新克服企业短板

技术创新既有其必然性，又与企业家的使命感和责任感分不开。这几年，很多企业开始意识到自己的短板，以前都是依赖别人的技术生存，但现在我相信我们很多的企业都开始觉悟，一定要走创造之路，走创造之路一定需要核心技术。

——《莉行观察》吴小莉对话董明珠，2018年3月

背景分析

"一个没有脊梁的人永远挺不起腰，一个没有核心技术的企业永远没有脊梁。格力要做的绝不是复制品，而是世界品牌！"基于这样的信念，格力将自主创新视为发展的利器，将创新视为企业的灵魂、推动企业发展的唯一动力。

格力的技术创新分两步走。第一步：精准把握技术创新方向，在细分领域深耕，掌

握核心关键技术，在此基础上逐渐拓展业务，开启多元化发展之路。例如，在新冠肺炎疫情期间，格力仅用55天就研发出能够杀病毒的猎手空气净化器，如果没有丰富的技术积累，研发时间可能不会这么短。又如，通过技术创新，格力还研发出"-5℃不结冰"冰箱、37℃低温烘干、护理衣物的热泵洗护一体机等，为人们的生活提供更多人性化的家电产品。第二步：加强知识产权管理。近年来，格力搭建了知识产权管理系统平台，培养了一支专业的知识产权管理队伍，保护自己的创新成果不受侵害，以此激发科研人员的创新热情，源源不断地产生更多创新成果。

正是凭借科技创新，格力才逐渐发展壮大，成为空调行业的领军者，成为世界闻名的民族品牌。也正是基于科技创新，格力才能够稳步推进多元化发展战略，向智能制造领域进军。

行动指南

对于制造企业来说，技术创新是发展的唯一动力。因此，制造企业要不断加大在技术创新领域的投入，组建创新队伍，加强技术攻关，通过技术创新实现更好的发展。

4月

技术创新:
永不落幕的话题

04月1日 创新永远在路上

当下这个时代，按照总书记的要求，创新永远在路上，我们即使今天做得再好，也不等于就此最好，所以我们要永远在发展过程当中来修炼自己。讲到这里，我就想说，什么叫创新？创新就是一个改变，创新就是在这个新的时代进行创造。总书记说，人民对美好生活的向往就是我们努力的方向，当下我们消费者的需求已经在发生变化，如何来适应这个发生的变化？答案就是要高质量发展。

——"2019 让世界爱上中国造"高峰论坛，2019 年 12 月

背景分析

在 2019 年度国家科学技术奖励大会上，李克强总理提出："要优化科技创新生态，发挥企业技术创新主体作用，落实研发费用加计扣除等减税降费政策，尊重和保护知识产权，提高企业创新的能力和意愿。"科学技术奖励大会每年举行一次，大会颁发国家最高科技奖，由国家主席签署并颁发证书和奖金，是科技创新领域国家级的

盛会。2019年度科学技术奖励大会有296个项目和12名科技专家获奖，其中格力自主研发的"大容量高效离心式空调设备关键技术及应用"荣获国家技术发明二等奖，这是格力第二次在科学技术奖励大会上获奖，这个奖是对其数十年如一日坚持技术创新的最好肯定。

"创新是第一动力，人才是第一资源。"我国经济的快速发展，国际竞争力的提升离不开科技创新。作为空调行业的领军企业，格力不负众望，主动承担责任，通过不断的技术创新与技术攻关激发出更大的发展效能。例如，格力此次的获奖项目——大容量高效离心式空调设备关键技术及应用，在国内外率先实现了大冷量高效直驱永磁变频离心机技术，引领离心机技术从由异步变频向高速直驱永磁变频转变，开启了空调制冷设备节能环保的新时代。该技术在大兴机场、人民大会堂、中国尊等项目中落地应用，用中国的技术服务中国的重点形象工程，撑起了中国门面。

行动指南

"科技兴则国家兴，创新强则民族强。"企业作为重要的创新主体，要积极响应"科技强国"战略，主动担负起科技创新的重任，积极转变发展模式，不仅要加强科技创新，还要推动科技创新成果落地，推动经济实现高质量发展。

04月2日 要走自主创新之路

我们一直认为难。难在哪里？我们可以找出很多的理由，比如外部的环境，比如资金问题等。格力电器和大家一样。那么我们是怎么解决的？我们在这个过程当中，看到根本性的解决办法是要走自主创新之路，一定要走自主创新之路。

——2019中国智能制造全产业链应用大会，2019年1月

制造业不是靠玩资本来实现突破的。制造业要靠自己的创新、自己的技术来实现突破。格力电器在坚持自主创新这个主旋律方面从来没有变过。

——《中国经济周刊》独家采访，2019年3月

背景分析

在发展初期，格力并没有走自主创新的道路，而是与外资企业合作，购买技术、设备与零部件。关于是否走自主创新的道路，格力内部管理层也曾讨论、争辩。但随着企业不断发展，购买技术受限，董明珠认识到"买来的技术一定是别人淘汰的技术，或者是即将淘汰的技术"。此后，在董明珠的带领下，格力坚定地走上了自主创新之路。

自主创新的基础是人才。从引进人才到自主培养人才，董明珠总结了人才培养的两个要点：第一，企业要给人才提供良好的环境；第二，人才要自己努力。为此，格力在内部搭建了人才培养平台，准备了充足的学习资料与充足的研发经费，营造了开放的创新氛围，形成了浓郁的创新文化。例如，格力每年都会举办自己的科技创新奖励大会，设置高额奖金，充分激发人才的创新能力与潜力。在创新经费安排方面，格力坚持"按需投入，不设上限"的原则。例如，在光伏空调研发阶段，随着一笔笔巨额经费不断投入，研发成果却始终没有显现，科研人员感到万分焦虑与不安。董明珠却安慰科研人员，不用担心经费问题，别说1亿元，就算投入2亿元也在所不惜。仅2018年，格力的研发费用就达到了72.68亿元。正是有企业的全方位支持，格力的科研人员才能不断在核心技术领域取得重大突破。

行动指南

企业要注意一点，科技创新不仅要投入巨额经费，而且要做好人才培养。人才培养需要企业高度重视，创造良好的环境。如果企业忽视人才培养，只能不断地消耗现有的技术成果，久而久之就失去了活力与生命力。

04月3日 承载中国制造

创新无处不在，要想成长，就要不断地创新。活着的每天都在创新，这样人生才更有意义。人要有梦想，要有激情；没有梦想，没有激情，就如同行尸走肉，这样的人生是不会幸福的。等我们看到自己的收获与成就的时候才会发现，这才是真正的幸福。

希望格力平台、格力创新机制培育更多的人才服务社会，格力也因为培养更多的人才而发展得更快更好。我们用事实告诉大家，我们自己培养的人才能够承担中国制造的使命。

——2018年度格力干部会议，2018年2月

背景分析

"十四五"规划明确了未来10年我国制造业的发展方向，即从"中国制造"逐渐迈向"中国智造"，从"制造大国"迈向"制造强国"，打造先进制造业集群，推动集成电路、航空航天、船舶与海洋工程装备、机器人、先进轨道交通装备、先进电力装备、工程机械、高端数控机床、医药及医疗设备等产业创新发展。

作为全球空调行业的领军者，国内制造企业的典型代表，在此形势下，格力明确了未来的发展方向——装备制造。2012年，格力发布第一版自动化规划方案，正式进入装备制造领域。按照方案规划，格力在3年内投入38亿元对所有工厂进行自动化改造，自主研发了工业机器人、智能AGV（智能引导车）、数控机械手等10多个领域中超过100种产品，累计产出智能装备3000台套，累计销售额超过8亿元。除装备制造，格力电器还打造了3个消费品品牌，分别是格力、大松、晶弘，开启了多元化发展之路。同时开始在智能领域深入探索，以光伏、储能为基础，以家用电器、智能终端控制为实现方式，格力逐渐构建了一个智能家居生态圈。

格力电器在核心技术领域取得重大突破，引领中国企业从"中国制造"向"中国智造"发展，以空调技术、模具技术、装备制造技术、新能源技术等技术为基础，形成了业态相关多元化，并用技术为全世界服务。格力自主研发的智能装备和精密模具已经覆盖了全产业链，开始为家电、汽车、卫浴、食品、医疗、电子等行业的企业服务。

行动指南

无论"制造强国"建设，还是"中国智造"的转型，都需要企业承担起创新发展的使命，通过技术创新为制造业的自动化、智能化转型奠定基础，用精益化管理为其增

色，同时企业之间要加强合作，共享发展成果，共同发展进步。

04月5日 新技术助力实体经济发展

实际上现在加强实体经济的发展，也是因为我们看到了中国真正崛起还是要靠实体经济。只有做大做强实体经济，才能让我们进入那种良性的发展当中，虚拟经济可能在某一个时间点真的是"猪能飞上天"，但是它摔下来的时候是非常惨的。如果从上到下都意识到了或者开始重视实体经济发展，那我觉得还是得回到原点上，就是核心技术上。对实体经济发展难题，我认为唯一能够破解的，就是我们能够创造更多的新技术出来。

——《对话》之"聚焦实体经济，为中国实业代言"，2016年12月

背景分析

实体经济是一国之根基，面对互联网经济的冲击，我国实体经济亟须加快转型升级的步伐，优化结构，提高质量，打造核心竞争力。近年来，格力在自动化转型方面取得了显著成果。

在自动化、智能化领域，2013年，格力开始研发生产智能装备；2017年6月，格力成功研发出首台五轴数控机床；之后又打造了机床柔性加工生产线，开发出许多数控机床产品，为客户提供智能化解决方案。目前，随着5G、大数据、物联网、人工智能等技术在制造业领域深入应用，格力在研发工业机器人、数控机床等高端装备的同时，积极创建绿色智能工厂，与其他制造企业分享技术与经验，帮助其完成智能化转型与升级。

行动指南

转型升级已经成为实体经济摆脱生存困境的不二法门，在转型过程中：实体企业一方面要注重技术创新，积极引进、应用先进技术；另一方面要聚焦市场，深挖市场需

求，在产品方面寻求创新。

04月9日 修炼研发实力

从格力电器的发展来看，企业一定要走自主创新之路。我们2001年之前，压缩机、电机一系列的核心部件全部靠购买，那你对品质的控制就有问题，因为这些关键器件不是你的。所以2005年，格力开始有了压缩机厂，开始建立了自己的研发团队的时候，利润也开始逐年提升。

——2018（第十七届）中国企业领袖年会，2018年12月

背景分析

强大的研发实力、丰厚的技术积累带给格力与董明珠绝对的自信。因为在核心技术领域的一系列重大突破，格力电器掌控了从上游压缩机、电机等零部件的研发生产到下游废弃产品回收利用的全产业链，在产业链上享有绝对的话语权。回首过往，格力所享受的鲜花与荣誉也是历经了重重困难才获得的，从模仿生产到自主研发，中间经历的不只是时间的流转，更是一代代研发人员的通宵达旦、呕心沥血。

2012年，格力"双级增焓变频压缩机的研发及应用"项目获得"国际领先"认定，引领空调行业进入双级变频时代。为了在双级增焓变频压缩机技术领域取得突破，格力组建了一支拥有20多名顶尖工程师的研发队伍，历经4年，先后进行了300多次标准实验。这项技术在空调领域的应用，可以在不增加能耗的情况下，实现 −25℃环境下的强劲制热和高温54℃环境下的强劲制冷。2015年，以双级增焓变频压缩机技术为基础，格力自主研发出了三缸双级变容压缩技术，独创压缩机变容机构，提高了切换的稳定性，保证空调在 −35℃ ~ 54℃的温度范围内稳定运行。相较于常规单级压缩机来说，三缸双级变容压缩技术极大地拓展了空调的应用范围，可以帮空调产品进入极端严寒地区和酷热地区，而且使空调的制冷量、能效比均得到大幅提升。

压缩机是格力技术攻关的一个重要领域，经过多年的创新研发，格力攻克了节能

环保与低温制热两大难题，所生产的空调产品不断刷新行业认知，带给了消费者更舒适的体验。其实除压缩机外，格力技术攻关的领域还有很多，这些研究都为格力强大的研发实力奠定了重要基础。

行动指南

习近平总书记曾强调："关键核心技术是国之重器，对推动我国经济高质量发展、保障国家安全都具有十分重要的意义，必须切实提高我国关键核心技术创新能力，把科技发展主动权牢牢掌握在自己手里，为我国发展提供有力社会保障。"制造企业要牢记这一指示，不断锤炼自己的研发实力，掌握核心技术，牢牢掌握发展的主动权。

04月12日 企业的首创精神不能消失

现在很多企业家觉得生意越来越难做，商机越来越难觅。我的观点是，以全球为大舞台：企业有倒闭的，行业没有倒闭的；企业有衰败的，行业没有衰败的。谁能说大家都有衣服穿，服装厂就应该关门歇业呢？只要你别老是中山装就行。英国、德国、日本、美国有许多百年企业，长盛不衰。空调有前景，只要勇于创新，生产出消费者喜欢的产品，市场永远存在，到处有商机。

我们真正面临的问题不是空调业会不会衰败，而是格力会不会衰败。从一般企业发展规律来看，成功企业最大的危机之一，是当初使企业得以发展壮大的因素——企业的首创精神，或者叫创新精神，随着企业的扩展而消失，就算创新精神没有完全止息，企业的增长速率肯定是每年下降的。

——《行棋无悔》，2006年12月

背景分析

美国国家科学基金会的一项研究发现，每1美元的研究和开发费用在小型企业里产生的革新约为中型企业的 4 倍、大企业的 24 倍。类似研究还发现，各行业的重大科技进步很少是由大企业完成的。

大有大的难处，格力是全球空调业中的大公司，会不会因为成功而逐步丧失创新精神？董明珠对此的看法是，大公司竞争不是跟别人竞争，而是跟自己竞争，创新首先是对自身的创新。格力电器的核心能力是优良技术、严格管理、高品质的产品，以及廉洁高效的网络营销。不过昨天的技术到今天可能就过时了，而今天良好的网络也不一定能适应明天的市场。所以，企业必须不断否定自己，从技术到管理、从管理到营销，不断创新。

行动指南

首创精神指的是主动提出建议、计划、发明并加以实施的精神，是人类活动最有力的刺激力量。企业要有首创精神，企业领导人要鼓励首创精神，让企业成为行业发展的引领者。

04月14日 铸造中国品牌

合资引进是我们常用的词，但只有自己掌握核心技术，才能成为一个真正的创造者。只有真正掌握了核心技术，你才敢讲你真正是为人类服务，否则我们仅仅是赚钱的工具而已。

我们并不是要求大家都一样，但是中国企业要想走向世界——希望有更多的企业能够坚持这个信念——就要知道走自主创新之路才有未来，才可能掌握明天。当然，今天为什么提出来从注重数量的发展变成注重质量的发展？因为我们大而不强，我们的产品在国际上没有地位，世界品牌评选的时候，没有一个是中国品牌，因为我们没有掌握核心技术。

——2018 博鳌新浪财经之夜·正和岛夜话，2018 年 4 月

背景分析

在进入海外市场方面，格力选择了一条与其他国内品牌都不同的路。

1993年，凭借质量优势与成本优势，格力获得了松下、大金等国际知名品牌的代工订单，产品进入日本市场。1994年，格力成为国内第一个拿到"欧洲家电市场通行证"的品牌，成功进入欧洲市场。1998年，格力管理层出国考察，撰写了一份海外市场调查报告，后召开董事会讨论，决定开启全面国际化道路。2001年，格力在巴西玛瑙斯自由贸易区投资3000万美元创建的格力电器（巴西）有限公司投产，每年可以生产20万台空调。在格力的海外扩张案例中，巴西应该是最成功的一个案例。截止到2017年，格力在巴西的销售网点已经实现了全覆盖，格力已经成为巴西家喻户晓的空调品牌。

从2007年开始，格力中标了很多大型项目，包括2010年南非世界杯主场馆项目、北京奥运会奥运媒体村项目、印度电信基站商用空调项目（价值2000万美元，是中国空调史上海外第一大单）、安哥拉"非洲杯"卢班戈主场馆项目等。随着这些项目完成并投入使用，格力空调的国际知名度越来越高。在北美洲市场，格力空调也取得重大突破。2011年6月18日上午，格力电器美国分公司在加州挂牌营业，这成为格力电器国际化发展过程中具有重要意义的一个事件。格力电器的国际化有一个重要理念，就是在做代工产品的同时，要力推自主品牌。在销售人员的不懈努力下，格力电器的自主品牌进入了全球100多个国家和地区，包括法国、意大利、西班牙、巴西、美国、菲律宾、澳大利亚、俄罗斯等。

行动指南

我国有很多代工企业，随着用地成本、用人成本、原材料成本不断上涨，企业的利润持续下滑。在这种情况下，打造自主品牌可能是这些企业唯一的出路。因为只有发展自主品牌才能摆脱受制于人的境况，才能不断提高自身的竞争力与盈利能力。

04月17日 "站起来"

记得我们在 2000 年的时候，还没有自己的技术，没有压缩机，没有电机，依赖外面提供的部件，所以我们没有话语权，更不可能谈我们创造世界、我们服务世界，用什么去服务？你是一个跟随者，你不是一个创造者，所以我们下定决心要成为创造者。

特别在党的十八大以后，总书记提出了三个转变和供给侧结构性改革，已经指出了我们的短板，是什么？就是因为我们依赖别人的技术而生存。就像一个瘫痪的人一样，站不起来，如果想站起来就得靠别人。那中国制造能走向世界吗？不能！

——"格力 2018 再启航"梦想盛典，2018 年 5 月

背景分析

"只能被模仿，绝不允许被超越"，这就是格力人的信念。当然，格力电器也曾是模仿者，模仿日本、欧洲发达国家的先进产品与技术。但随着技术水平不断提高，产品、品牌、渠道建设不断完善，格力的竞争力不断增强，稳坐行业龙头的宝座。即便如此，格力也始终没有停下脚步。近几年，格力电器开始自动化改造与升级，拓展业务范围，从空调领域向高端家电、高端装备领域拓展。2017 年，全球最大的光伏空调项目在美国凤凰城落地，格力电器就是光伏空调的供应商。凤凰世贸中心首席执行官 Marshall Stahl 表示："格力是中国制造企业走向世界的代表。为解决日益严重的环境污染问题，格力积极探索新能源与空调的结合，自主研发出光伏空调，这与凤凰世贸中心筹建的低碳环保初衷不谋而合。所以，我们选择了中国制造，选择了格力。"这是对格力、对中国制造的认可。

2018 年，格力发布了长期产业规划，表示格力电器将在未来几年加大在产能提升与多元化拓展方面的投入，在智能装备、智能家电、集成电路等新产业领域深耕。同年 8 月 14 日，格力电器成立了一家全资子公司——珠海零边界集成电路有限公司，负责半导体、集成电路、芯片、电子元器件、电子产品的设计与销售，表明格力正式进

入芯片领域，誓在芯片领域取得突破，打破国外的封锁与限制。

行动指南

在新的时代背景下，我国企业要逐渐摆脱对国外的依赖，形成自己的核心竞争力，独自屹立于世界舞台，为中国制造的崛起贡献力量。

04月19日 发展技术不能走捷径

不仅在中国，格力品牌可以说享誉天下。对于买不买别人的技术，我们也有过不同的意见，格力电器账上有的是钱，花200亿元买一个有什么不可以？但是我们买的话，就等于卖掉了自己的创新队伍，我们买的看着是一个技术，但是自己的创新团队不可能再有那样的精神，或者说更加不可能创造新的技术。对于买来的技术我们也无法真正理解，对一个技术的理解是一点一点积累起来的。

——第五届中国家居业重塑产业链价值体系大会，2019年11月

我们现在就是要快速发展，因为这6年来我们已经把平台搭建好了，比如机器人、自动装备。当然，我们也可以走捷径，比如拿出100亿元跟别人合资，似乎马上就有了自动化装备的生产能力或者产品，但我觉得那不是我们自己的，而且你的后续的竞争力依然是缺乏的，所以你前期必须要埋头苦干，要有吃亏的精神，要自己培养这个队伍。虽然需要的时间长了一点，但后续的竞争力会越来越强。

——《莉行观察》吴小莉对话董明珠，2018年3月

背景分析

根据国家知识产权局发布的数据，格力电器是国内第一家已授权发明专利过万的家电企业。格力电器的这些技术成果是一点点积累起来的，这个过程需要时间，也需要研发人员不计日夜的辛苦付出。

为了自主研发技术，2004—2006 年，格力电器先后五次收购上游的零部件公司。在这个过程中有两次收购对格力来说意义重大，一次是对凌达压缩机的收购，一次是对凯邦电机的收购。从 2005 年开始，格力电器进入自主研发时代，在压缩机和电机两大领域取得重大突破，格力逐渐拥有了自己的核心技术。

为了推动技术研发，格力电器在人才培养方面做了很多工作。董明珠曾说过："没有人才，企业创造一切归零。"为了做好人才培养，格力电器一方面坚持自主培养创新人才，逐渐形成了自己的科研团队；另一方面从实际出发，搭建行业最先进的科研平台，创建研究院、实验室，成立院士工作站，为科研工作的开展提供全方位保障。目前，格力的科研团队仍在不断壮大。按照董明珠的想法，格力要将每一位员工打造成"中国造"的可用之才。在人才的支持下，格力必将在更多核心技术领域取得突破。

行动指南

技术创新并非朝夕之事，需要企业长期投入，企业只有不断积累，才能逐渐形成技术优势。在这个过程中，企业还要注重人才的培养与创新平台的搭建，从而保证技术创新的持久性。

04月21日 核心技术决定市场份额

我们格力电器在 2001 年曾经遇到这样的经历。在重庆有一个外资企业招标买一拖四中央空调，当时国内没有一家企业具备这样的技术和能力，我们格力中标，这一单生意做完以后我们亏了 38 万元。后来我们在总结的时候，我们也在考虑是否也需要和别人合资，购买别人的技术。所以我们远赴日本希望能买到这样的技术，但是交谈过程中被拒绝，因为他们是花了 16 年才研发出这样的技术的。从日本失望而归，我们卧薪尝胆，意识到了只有拥有核心技术，才能拥有自己的市场。

——中国创造与全球制造业复苏高端研讨会，2010 年 7 月

背景分析

曾经，我国制造业凭借劳动力成本低、劳动力供给丰富等优势快速崛起，我国遂有了"世界工厂"的称号。但在那个阶段，我国制造企业产品技术含量低，品牌价值低，在国际市场上的竞争力也比较弱。进入转型期后，我国经济要实现高质量发展，制造业也要转变过去的增长方式，增强核心竞争力。

从2005年开始走自主创新之路以来，格力非常注重技术研发与积累，成为全球最大的空调研发企业。但技术研发并不会直接产生经济效益，还需要被转化为实际应用，实现商业化应用。企业只有将技术转化为生产力，不断拓展市场份额，才能为可持续发展提供强有力的保障。例如2012年，由于气候的原因，空调市场遇冷，变频空调迎来了发展的黄金期。根据中国行业研究网发布的数据，变频空调的销售量约占空调销售总量的一半，达到了47.3%。格力空调凭借世界领先的1赫兹技术，在变频空调市场占据了较大的份额。在2012年9月，格力电器变频空调销量为110万台，市场占有率达到50.76%。

凭借在核心技术领域取得的重大突破，格力电器不断打破国外的技术垄断，从国内领先到国际领先，成为全球空调行业的领军者，业务范围逐渐覆盖了各大洲，产品销往全球100多个国家和地区。在国内市场上，格力的产品销量连续17年保持第一；在全球市场上，格力的产品销量连续7年保持第一。

行动指南

制造企业之间的竞争已经转变为技术的竞争，谁掌握的核心技术多，谁就能在市场竞争中占据优势，就能获得较大的市场份额。

04月22日 永远不变的战略重点

我们的战略重点，是永远不变的，那就是以技术来创造，以质量为保证，这个是没有止境的。技术和质量不可能说你今天做好了，明天可以把它放下，这是不可能的，主线是永远不能放下的。

比如，原来格力提出6年免费保修，当时还有的企业敢跟随提出。今年我们提出10年免费保修已经有3个多月了，但到目前为止，家电行业没有一个企业敢承诺做10年免费保修，这是要有底气的，这是需要用质量和技术来支撑的，因为有的企业的产品可能三五年之内还行，五六年以后就很难保证质量了。

——中新经纬独家对话董明珠，2021年6月

背景分析

2021年3月7日，格力宣布从2021年3月1日起销售的格力家用空调可以享受10年免费保修服务。此前，格力家用空调的保修时间是6年，这也是目前大多数品牌家用空调的保修时间。据董明珠介绍，格力延长家用空调免费保修时间有两层含义：第一，进一步提高产品质量，满足消费者不断升级的消费需求；第二，刺激行业进一步发展，以高标准、严要求遏制劣币驱逐良币现象，优化市场环境，提高整个行业的发展水平。

目前，家电的平均使用寿命是10年，格力推出的10年保修服务也在一定程度上带动了以旧换新。家电以旧换新有很多优点：一是可以促进企业的技术升级；二是可以降低消费成本，减少资源消耗；三是可以扩大家电消费市场，为企业带来营业额的增长。此次延长空调保修时间也体现了格力一直以来坚持的战略，即"品质为上"。另外，在保证产品质量的同时，制造企业还要关注效益，创造盈利，对投资者负责，对股民负责。

行动指南

技术最终要转化为产品才能满足消费者需求，才能产生经济效益。如果一味地注重技术创新，忽略了产品的打磨，依然无法占领市场。

04月24日 回报基于长期付出

在模具方面，一开始只有付出。基本10年之内，看不到任何回报。但是10年之后，它一定会有回报。这个回报体现在两个方面：第一个，中国要真正走向世界、真正想强，没有这些东西根本强不了；第二个，所谓智能时代，是企业具有了能够支撑这些智能装备的核心技术，实现真正的智能转型。

——《十年二十人》之董明珠，2018年5月

背景分析

模具与空调看似两个风马牛不相及的产业，其实存在紧密联系。首先，空调、冰箱等产品的生产都要用到机床，而我国机床研发与使用对国外技术依赖度较高，一直受制于人。格力进入机床领域，可以打通整个产业链，进一步降低生产成本，提高竞争力。其次，我国很多空调企业都不具备开模能力，导致空调产品的外观十分相似。而且由于模具市场规模较小，技术难度大，很多企业不愿意投资，这导致我国模具行业对外依赖度较高。格力希望在模具领域取得重大突破，降低对国外企业的依赖，为国内的制造企业赋能。

其实，模具业务并不是格力的新业务。格力模具比格力空调出现的时间还早，早在1985年就已存在。格力模具的前身是冠雄塑胶厂，冠雄塑胶厂后与海利空调厂合并成为格力空调厂，格力在研发生产空调的同时，其分厂依然在从事模具产品的研发与生产。2012年，格力宣布进入高精密模具行业。2013年，格力成立精密模具有限公司，开始独立经营模具业务。经过几年时间的发展与积累，格力精密模具有限公司在珠海、武汉建设了两大生产基地、4个工厂，拥有2000套精密加工设施，每年可以生产3500套精密模具，产品范围涵盖了家电、汽车、马达铁芯、热交换器、办公器材、电机塑封、3C、光学器件、不锈钢厨具、医疗器械等多个领域，具备产品开发、3D打印、开模等多种功能，可以为客户提供完整的解决方案。

在制造行业，模具被称为"工业之母"，门槛高、回报周期长，但对于格力来说，进入模具行业有百利而无一害。只有发展高精密模具，才能消除高精尖设备只能靠进口的现象，才能避免像芯片行业一样在关键时刻受制于人。

| 行动指南 |

企业想要实现长远发展，必须以长远的目光看待问题，不能只关注眼前利益。

04月25日 做强大的创造者

2015年为什么要研究芯片？因为我们消费者的需求在发生变化。像现在开始进入智能时代，芯片是控制系统，所有的功能需求的满足都要靠芯片。对芯片以前我们都是靠进口，一年大概要花四五十亿元。目前来讲，除了自己做的这部分，大部分还是靠进口。但是，必须得改变，要真正让世界爱上中国造，因为你是创造者。

——《面对面》之"董明珠：奋斗与创造"，2019年3月

| 背景分析 |

与制造模具一样，格力进入芯片领域也是一项备受质疑的决策。很多人认为格力没有必要"自讨苦吃"，但董明珠却坚决地表示："格力必须要造自己的芯片，即便花500亿元也要造出来。"格力如此坚决地进入芯片领域，主要原因在于虽然我国空调制造业的发展规模已经达到了世界第一，但变频驱动芯片、主机芯片等高端芯片仍依赖进口。格力进入芯片领域的主要目的就是在高端芯片领域寻求突破，降低对外依存度。

2018年，格力成立全资子公司珠海零边界集成电路有限公司，专注于家电主控芯片与功率器件芯片的开发与应用。同年，格力芯片投入使用；2019年，格力自主研发的芯片在室内机、室外机和遥控器等产品上有所应用，数量超过1000万颗。目前，格力自研32位MCU微控制单元芯片进入量产阶段，预计芯片年产量将超千万颗，可以满

足格力空调、电气设备等产品对芯片的需求。

未来,格力将在芯片领域继续寻求突破,解决我国芯片制造行业面临的各种难题,与华为等企业一起,带领我国制造行业彻底摆脱对国外芯片的依赖,将自己的专利技术转卖给外国企业,成为真正强大的创造者。

行动指南

在新的时代背景下,制造企业要打破传统的发展模式,不再做跟随型、模仿型企业,而是要主动创造,走自主研发道路,成为行业的引领者。

04月27日 技术的标准问题不容忽视

新冠肺炎疫情是一次大考,"四个自信"在疫情中得到了充分验证。同时,在疫情中,我也发现了新的问题,就是我们所处的时代在进步,出现了很多自己创造的新技术,这种技术不仅中国没有,甚至世界也没有,我们的标准在哪里?国家标准滞后,会带来市场推动的难度,所以我这次参会,除了带来创新方面和专利保护方面的建议之外,我也提出要根据新情况,对技术标准的落地要有一个绿色通道。

——十三届全国人大三次会议期间董明珠接受采访,2020 年 5 月

背景分析

在 2021 年的"两会"期间,董明珠提出一个关于"标准"问题,建议"在国内市场推行中国标准、中国认证,建立新技术新产品的国家标准快速通道,设定家电使用年限的国家标准"。董明珠为什么会提出这一建议呢?

近年来,我国制造业通过自主创新,在很多核心技术、关键技术领域取得了较大突破,拥有了很多国际上没有的技术。例如,格力自主研发的移动 P2+ 核酸检测车,

能够通过高通量快速检测等技术对采集的核酸样本进行快速检测，不仅可以减少人员接触，而且可以极大地提高核酸检测效率。这是格力为抗击疫情开发的一款新产品，是世界首例。但我国在新技术认证领域没有绿色通道，这对企业创新造成了一定的阻碍。因此，董明珠建议加快绿色通道建设，提高新技术认证效率。

一直以来，我国制造业都忽略了标准建设。目前，在全球制造业领域，发达国家掌握了超过 90% 的标准，中国掌握的标准只有 1%。制造企业的发展必须有标准的引领，只有高标准才有可能生产出高质量的产品，但目前我国很多工业产品仍处于中低端水平，相应的标准也比较落后。在部分行业，有些行业巨头引领标准制定，它们为了维护自身利益会故意制定低标准，导致市场上出现劣币驱逐良币现象，保护落后技术，打压先进技术。为了践行"工匠精神"，推动制造行业转型升级，各行业必须制定先进标准。

在这方面，我国可以向德国学习。德国工业之所以一直保持着强劲的竞争力，就是因为德国有一个标准化学会，每年制定几千个标准，对小到文件夹的打孔标准，大到飞机零部件的标准，全部做出严格要求。我国要学习德国的这种方法，不断完善制造业的标准，引领制造业更好地发展。

行动指南

营销界早就流传着一句话，"一流企业做标准，二流企业做品牌，三流企业做产品"，足见标准对产业发展的重要性，一套先进的标准完全可以倒逼企业升级。

04月28日 错误的"国际化"不能带来"中国制造"

现在很多人理解的"国际化的方式"，就是进行国际化的采购，把人家的核心技术采购回来，难道说这样你生产出的就是一个国际化的产品吗？我们核心的东西完全是靠别人做出来，依赖别人的核心技术来打造一个产品，虽然我们也有自己的东西，但那个是微不足道的、没有技术含量的。什么叫创新？什么叫中国制造？我认为有一天世界其他企业都要到我这里买我的核心部件，那就是中国制造。

——《思客讲堂》董明珠演讲，2017年6月

背景分析

　　格力是国际化战略的践行者，作为全球空调行业的领军企业，格力的空调已经销往世界各地。格力通过自己的发展壮大让世界认识到"中国制造"正在快速崛起，格力逐渐成为"中国制造"的一个典型代表。既然董明珠认为购买国外先进的技术与设备、引进国外人才是错误的国际化，那么格力的国际化采取了怎样的方式呢？

　　第一，拓展国外市场，增加国外营收的占比。在格力2020年的总营收中，除去其他业务，空调业务国内营收占比65.65%，国外营收占比11.90%，两者相差巨大。但格力在国际市场上的影响力不断提升，将影响力转化为市场份额的空间很大。根据董明珠的规划，格力未来的国际化是产品的国际化，要通过产品满足国内外消费者多元化的需求。

　　第二，复制成功案例。在家电企业国际化方面，青岛海尔做出了成功示范。2013年，青岛海尔公司为了推进全球化发展战略，以股权合作的方式引入全球一流私募股权投资机构KKR作为公司的战略投资者。在KKR的帮助下，2016年青岛海尔收购了通用电气的家电业务与资产，2019年收购了意大利Candy公司，为青岛海尔的全球化奠定了扎实的基础。

　　第三，借助重要的合作伙伴。2020年，格力引入高瓴资本，可以借助高瓴资本在国际化方面的资源与经验推进国际化。高瓴资本在帮助国内企业开拓国际市场方面有很多成功案例，例如帮助微信进入印度尼西亚市场，帮助美团与韩国知名的O2O平台Woowa Bros公司建立合作等。

行动指南

　　制造企业要"走出去"，推行国际化战略，不是要一味地引入国外的先进技术与人才，而是要将自己的产品与技术销往国外，努力成为"中国制造"的代表，让世界看到

"中国制造"的崛起。

04月30日 做"引领者"而非"垄断者"

苹果在一个时间点实现了颠覆，就是把手机变成了相机。从空调行业来看，现在大家是想用空调又怕用空调，因为风对人的身体有影响。而格力电器研发出了"风不扰人"的技术，我们用了好多年才研发成功，一般老百姓看到的只是一个空调，实际上里面的结构研发要花很多时间和人力才能实现。我们现在风是对天上吹，不对人吹，真正造出了"风不扰人"的空调。

苹果想到了用手机替代相机，而格力想到了"风不扰人"，我相信未来两三年，格力这款"风不扰人"的空调，可能人人都喜爱。我也不担心这个技术被其他人追上，因为我们本身永远在创新，只要持续做得很好，就会有市场。比如手机行业有很多企业，但苹果有核心技术，它就是一个引领者。

——中新经纬独家对话董明珠，2021年6月

背景分析

行业引领者与垄断者存在本质区别。行业引领者要深入研究行业，对行业做一些深入思考，坚持"长期主义"理念，为行业赋能，带领行业内企业共同发展。而行业垄断者不会考虑行业内其他企业的生存与发展。无论将家用空调的保修期延长到10年，还是各种技术创新，包括光伏空调、"风不扰人"空调等，格力的目的都是引领行业更好地发展，通过自主创新改变中国制造，而不是打压同行业的其他企业、一家独大。

比如，在2019中国智能制造全产业链应用大会上，格力电器与中国联通、民生银行、深圳市建筑设计研究总院建立了智能制造全产链合作关系，计划在设计规划、装备、自动化、信息技术等领域展开全方位合作，推动中国制造向着自动化、智能化的方向转型升级，为制造业的高质量发展树立典型。

行动指南

行业发展需要行业内的企业通力合作,在这个过程中,行业领军企业要扮演好引领角色,而非利用自己的核心优势开展不正当竞争、打压其他企业,只求一家独大。

5月

专业化与多元化：坚守制造业发展

05月2日 把所有的鸡蛋放在一个篮子里

无疑，专业化的发展是"把所有的鸡蛋放在一个篮子里"，这么做市场风险极大，但它的魅力也在这里：格力人没有别的退路，专业化的压力变成了技术创新的动力。

专业化也是培育、呵护技术创新，抢占市场制高点的关键。"专"是为了"精"，也只有"专"才能保证"精"和"高"。

——《棋行天下》，2000年4月

背景分析

在20世纪80年代，企业多元化经营是作为一条普遍认可的思路被提出的，许多企业达成一个共识，即"东方不亮西方亮"。而这也反映出企业家们对于市场经济经营风险的巨大担忧。当时，国家计划委员会宏观经济研究院在一份研究中引述了国外对于实行多元化的企业的分类：一是单项业务企业，指的是单项产品销售收入占企业销售总额的95%以上的企业；二是主导产品企业，指的是单项产品销售收入占企业销售额的70%至95%的企业；三是相关联多元化企业，指的是业务扩展到其他相关领域后，没有任何单项产品的销售收入能占到销售额 70% 的企业；四是无关联多元化企业，指的是进入与原来业务无关的领域的企业。

这时，格力的管理者思索的重点便成为是否向全方位开拓多种产品。通过对国内外的众多企业进行调查分析，管理层得出一个结论：大企业基本上都是只做某一领域的业务而取得巨大的销售收入，即使实行多元化经营，大多数企业也还是做与自己主营业务相关联的业务。而且，就格力所处的空调行业来看，由于空调进入中国市场的时间比西方国家差不多晚了 10 年，因此，格力如果走专业化道路，完全有可能成为行业第一。另外，多元化虽然可能为企业发展带来新的机遇，也可能会带来风险，对格力而言，走专业化道路也就意味着降低了市场风险。

基于专业化发展战略的定位，董明珠在格力的广告系统设计上明确了新的目标和工作重点，"好空调，格力造"的广告语深入人心。格力空调产销量于 1997 年一跃成为全国第二，1998 年跃居全国第一。

行动指南

在初级发展阶段，企业集中力量把主业做大，更能经受住市场竞争的考验。

05月3日 小心入错行

中国有句老话叫"男怕入错行"，企业何尝不是如此？对一个行业的了解和在一个行业上的成功，并不意味着对另一个行业能够有相同的了解并取得同样的成功。

——《行棋无悔》，2006 年 12 月

背景分析

进入 21 世纪，格力面临着是否走专业化道路的抉择。根据当时《财富》杂志的统计，全球 500 强企业中，品牌和核心竞争力主要来自企业擅长的行业。20 世纪 60 年代，

不少美国企业实施了多元化的经营战略，但取得的经济效益并不令人满意，500强企业中甚至有不少企业因为实施多元化战略而一度困难重重。20世纪80年代之后，这些公司又调整思路，纷纷回归专业化，在主业领域力争最优，树立世界性品牌优势。

在当时的形势下，董明珠与朱江洪就格力走专业化道路达成了一致的意见。十几年来，格力一直独守空调主业，集中精力练好看门功夫，才能够成为业内不容忽视的龙头企业。不过，在格力内部，关于走什么样的道路也有过争论。有人主张格力可以通过资本运作来赚钱，而董明珠则认为，如果发现哪个行业赚钱就上去插一脚，那么企业的精力必然会变得十分分散。与其东一榔头西一棒子，不如集中有限的资源，将空调主业做深做透、做大做强。

曾经有格力的消费者说："卖空调我选格力没错，因为格力只做空调，它如果连空调都做不好，就没法生存，也就没了饭碗。"在这一时期，格力抵制了各种各样的诱惑，不盲目进入其他领域，不追求轰动效应，逐步在产品质量、技术创新、营销网络等方面建立了自己强大的竞争优势。

行动指南

只有"专"才能保证"精"和"高"。

05月5日 确定自己的身份

以自己为对手，首先要知道自己是谁。如果既是空调器厂，又是电视机厂，还是房地产经营者，就很难确定自己的身份。以自己为对手发展自己，就必须专业化，使自己有一个确定的身份，然后不断从旧我到新我。

——《行棋无悔》，2006年12月

背景分析

随着市场竞争愈来愈激烈、消费者的观念和需求不断升级，社会分工会越来越细。对企业而言，在特定的环境下，只有集中精力、物力、财力和人力专攻一个细分方向，才能够缩短产品的开发周期，不断抢占技术制高点。在董明珠看来，那种认为只有多种经营才能保险的观念，恰恰反映了市场的不成熟，说明我国的民族工业还相当浮躁。

对企业来说，走多元化道路，不断转换方向，最后很可能一事无成，每一种产品都不能真正俘获消费者。在每个发展阶段，企业都应该找到自己的发展目标，找准自己的位置。在多元化的探索过程中，虽然不乏成功的企业，但其成功往往也需要付出一定的代价。在这一时期，董明珠认为格力找到了符合现代企业发展规律的道路，而且应该坚持不懈地走下去，而不是遇到困难就退缩。

行动指南

提到格力，人们就会联想到空调；提到董明珠，人们也会联想到空调。这反映出一个商业原理：企业商品品牌的打造应该遵循"清晰性"原则。

05月7日 多元化道路能不能走？

当然，多元化的道路不是不可以走，关键是在什么条件下和在什么环境中。假如一个企业在某一领域发展得非常成熟，没有其他企业可以威胁到它的地位，那么这个企业就可以转向其他产业门类发展。假如一个企业所在的某一领域已经饱和甚至过时，企业扩展已没有多少空间，这个企业也可以实施多元化战略。

实施多元化战略的初衷是好的，从理论上讲，鸡蛋放在不同的篮子里最安全，但篮子是要用钱来买的，是有成本的，实力本来就不是很强的中国家电企业几乎必然要面临马克思当年引用过的海涅的诗中所描述的境况："播下的是龙种，收获的却是跳蚤。"

——《行棋无悔》，2006 年 12 月

背景分析

1999年，格力董事长朱江洪在回答记者的提问时曾说："多元化经营势必样样都遭遇激烈竞争，我们现在在其他行业上没有绝对的技术优势，只有专心做有把握的空调。"2001年，董明珠在回答类似提问时说："只有专业化才能培养企业的核心竞争力，空调还有很大的市场，我们踏踏实实地做下去，就能吃好这碗饭。"

在董明珠看来，别的企业扩张是基于自身发展战略的考虑，而格力电器在当时的发展阶段不会做出同样的选择，也不认为这样的选择是正确的。在这一时期，格力始终坚持专业化，认为多元化可能是企业发展的陷阱。当然，专业化并不意味着没有风险和压力，如果空调业出差错，格力可能会瞬间垮掉。但不给自己留后路，就有可能出现"置之死地而后生"的奇迹。所以，董明珠认为，格力此时回归自己的优势和核心业务才是摆脱困境的最好选择。

也正是这种"只许成功，不许失败"的压力，迫使格力人把"独木桥"走成了"阳关道"。格力全体员工自发上紧了技术创新的发条，以"格力标准"把空调做好。

行动指南

企业什么时候走多元化道路，取决于企业面临的内外部因素。

05月8日 时时自找"麻烦"

走专业化道路，以自己为对手，时时自找"麻烦"，今天的我与昨天的我过不去，明天的我与今天的我过不去；在内部管理上不断加强，以顺应时代发展步伐；在营销创新上自加压力，不断去适应市场变化；在技术创新上给自己"找茬"，在产品质量上给自己挑刺，使我们的产品更受消费者欢迎。

——《行棋无悔》，2006年12月

> 背景分析

格力经常派人到美国、日本、新加坡等国家学习先进技术，坚持"投产一代，研制一代，开发一代，构思一代"，使空调器模糊控制技术、太阳能应用技术、变频式节能技术、吸尘净化感应技术、机电一体化技术等高新技术得以开发利用。同时，重金奖励有突出贡献的工程技术人员，2000年左右格力每年已经投入几千万元开发研制新产品，平均每年都有100多种极具竞争力的空调新产品投放市场。

一家调查公司曾公布《品牌淘汰——中国家电市场竞争报告预测》，认为到2005年我国的家电行业只会剩下两三家综合品牌。但当时董明珠并不认同这样的预测，她相信中国家电制造商有可能逐步成为世界市场的主要生产商。董明珠坚信，只要坚持技术创新，格力专业化的道路就可以走下去。

> 行动指南

以自己为对手，时时自找"麻烦"，企业虽没有退路，但也会更加强大。

05月12日 完善企业的"拼图"

格力原来是一家专业做家电的企业，从空调起家，到冰箱、洗衣机……整个家居领域所有的电器产品我们都做。但是慢慢我们发现，家电"拼图"里少了一块图案，那就是储能。

收购银隆，不是因为有某人的利益在里面，是格力电器发展到今天，按照供给侧改革的目标，要实现"中国制造"的梦想，更多的是要用新的技术来实现自己的突破。对于空调企业来讲，要进入一个智能化的时代，缺的就是这一块。

做电池对我们格力自身发展、对我们国家的工业革命以及产业的转型，都是一个必然的选择。

——《对话》之"聚焦实体经济，为中国实业代言"，2016年12月

背景分析

2016 年，董明珠以个人名义，联合万达等 4 家企业向银隆新能源增资 30 亿元，获得 22.388% 的股权。关于投资银隆，董明珠曾做出这样的解释："一个成功的企业不是要解决专业化或是多元化的问题，而是看未来和前景。"

董明珠曾有"再造一个格力"的想法。因此，董明珠此次以个人名义投资银隆，被很多人认为是在为"再造一个格力"做准备。但其实，董明珠看重的只是技术与未来的发展。面对即将到来的智能时代，董明珠将储能视为一个非常有价值的发展方向，而银隆恰好掌握了钛酸锂电池核心技术和储能电池技术，这是董明珠入股银隆的主要原因。万达的董事长王健林与董明珠持有相同的看法，认为随着储能市场逐渐成熟，电池成本不断下降，银隆凭借所掌握的钛酸锂电池将在储能领域有一番大作为。

储能与空调似乎是两个风马牛不相及的领域，但格力正在将这两个事物联系在一起，利用太阳能电池为空调供电，然后利用储能电池将多余的电量存储起来，满足其他家庭用电需求，例如照明、电视机等，从而大幅降低家庭的用电消耗。如果这一设想成功实现，格力的业务版图将进一步拓展。

行动指南

企业要紧随时代的发展步伐，不断调整自己的业务体系与发展战略，要秉持开放的眼光，高瞻远瞩，筹谋未来。

05月13日 多元化源于使命感

当我进军智能装备与其他产业的时候，有人告诫我说："董明珠你的主业不要丢弃了，你这样多元化可能主业就没有竞争力了。"但是我们认为竞争力在于创新、在于专注、在于舍得、在于挑战，格力的多元化绝对不是为了企业的利润去做，更多是出于一种使命感，我们认为这个技术或者这个产品是国家需要的。其实格力电器从发展至今，是家电行业里唯一一个不做房地产的企业，我们从来没有为了赚快钱而放弃对创新能力的培养。

——2019（第十八届）中国企业领袖年会，2019年12月

> 背景分析

在新的时代背景下，格力想要实现多元化转型发展，不只要进行技术创新，还要创新服务，满足消费者多元化的需求。虽然格力的多元化开始时间较晚，但在选择发展领域时充分考虑了消费者需求与国家需要。例如：董明珠入股银隆，不只是为了造车，而是为了发展储能技术，为新能源的发展提供助力；格力发展芯片，主要目的在于打破国外对芯片的垄断；格力发展模具，也是为了弥补我国在高精密模具领域的不足，提升我国高精密产品的生产能力；格力发展智能装备，是顺应制造企业智能化升级的必然选择，可以为"制造强国""中国智造"建设形成强有力的推动作用。

总而言之，格力的多元化业务一是为了拓展发展路径，寻求新的业务增长点；二是为了打造中国品牌，提高中国制造在国际市场上的影响力；三是为了通过技术创新带给消费者全新的生活体验，为消费者提供性能好而且低碳环保的产品。

> 行动指南

我国很多企业将"专注"与"多元化"视为矛盾关系，认为二者只能取其一，其实这种观念并不正确。目前，我国经济处在高速发展阶段，存在大量市场机会，企业只要能在自己的领域集中精力，快速培养出核心竞争力，就可以推行多元化战略。只是切记要稳扎稳打，不要盲目扩张。

05月14日 坚守制造业发展

地产赚钱太快了，我们的地产承载了中国的经济发展，占了主流地位。在家电行

业，格力电器是唯一一个没有进军地产的企业，一些地方也拉我们去投资，但是我们依然拒绝，因为我们觉得我们要坚守我们的实体经济，我们要坚守我们的制造业。

——2016 苏商创新创业发展高峰论坛暨首届苏商金茉莉颁奖典礼，2016 年 4 月

背景分析

房地产行业是公认的赚钱行业，但格力始终没有做房地产业务，因为董明珠认为"房地产赚钱太容易了，会让做制造的人丧失挑战精神"。一直以来，格力始终坚守在制造业，无论之前的"只做空调"，还是现在的多元化发展，格力都没有跳出制造业的范畴。

相较于房地产行业来说，制造业的价值更高。因为制造业可以直接体现一个国家的生产力水平，是区别发达国家与发展中国家的重要因素。国家一直强调发展制造业，提高制造业的发展水平，就是要提升我国的生产力水平，使我国不断向发达国家靠近。即便有国家的大力支持，我国制造业的发展也并非一帆风顺，尤其是在互联网经济的冲击下，我国制造业的发展更是遇到了重重阻碍。但董明珠、曹德旺等企业家始终坚持，"制造业是互联网发展的基础"。

行动指南

制造业是实体经济的重要组成部分，是其他一切行业的载体，制造业的发展水平直接影响着一个国家生产力的发展水平。过去，人口红利是我国制造业发展的重大优势，但随着这种优势不断消失，我国制造业的转型升级成为必然趋势。在此形势下，有些制造企业进入房地产行业，有些制造企业开始涉足互联网经济。在新一轮科技革命和经济全球化过程中，制造业企业要坚定信念，坚持自主创新，不断提升自身的影响力与竞争力，做"时代的宠儿"。

05月17日 多元化带来新的空间

格力在2013年正式进军智能装备领域，我们在这五年的时间里进行了很多的前所未有的创新，我们完全是从一个空白的技术领域重新开始。今天我们的数控机床、工业集成、机器人已经不仅仅是为格力服务，我们还进入了很多的行业，比如食品行业、卫生行业、医疗行业，特别是大家看到的——我们的汽车行业。银隆清一色是格力的装备，我投资了银隆，投资的目的就是希望能为格力带来新的空间，为我们的智能装备打开一个天堂。

——2017（第十六届）中国企业领袖年会，2017年12月

背景分析

在新的经济形势下，国内的家电企业纷纷开启了多品牌扩张战略，例如：海尔的卡萨帝与统帅，前者的定位是高端家电品牌，后者的定位是定制家电品牌；美的也开发了很多子品牌，例如小天鹅、凡帝罗等；海信的品牌体系也不断壮大，包括海信、容声、科龙。这些企业的多元化是典型的多品类、多品牌的多元化，而作为国内家电领域的领军企业，格力走出了属于自己的多元化道路。

首先，衍生"多品牌"，指的是格力细分出格力、晶弘、大松这三个定位不同的品牌；其次，涉足"多品类"，指的是除空调外，格力涉足冰箱、电饭煲、饮水机、手机、新能源汽车、压缩机、电机等多个品类；再次，探索"多领域"，指的是除家电制造外，格力进入手机通信、智能装备、数控机床、精密模具、新能源汽车、太阳能光伏、家庭能源等众多领域。

基于这种多元化发展战略，格力逐渐从单一身份的空调制造商向多元化家电产业集团发展。多元化发展战略为格力带来了新的发展空间。在格力2020年的总营收中，格力生活电器实现营收45.2亿元，占全年营收2.69%；智能装备实现营收7.9亿元，占全年营收0.47%。

> 行动指南

多元化不能盲目，新开拓的业务领域最好与主营业务相关，通过多元化发展构建良好的产业生态，迈入全新的发展阶段。

05月19日 在一个领域聚焦和深耕

春兰最早是倒在产权制度方面，华宝是倒在多元化方面，所以企业倒掉各有各的原因。我觉得格力能够走到今天，其实最最最关键的一个问题，是它坚持专业化，它坚持要做全世界最好的空调，这个是格力最强的一部分。然后它不但要做空调，它甚至要做空调的模具，甚至要做一幢楼的制冷制热的解决方案，所以它是垂直打穿了一个行业。再然后它不仅要做中国家庭的空调，它甚至要给中国的航空母舰做空调，从家庭的空调到航空母舰用的空调，那基本上是两个技术含量。最后做一台空调和做一个空调的模具，又体现了不同的能力。所以它是围绕着一个核心，聚焦在一个领域里面。

——《十年二十人》之董明珠，2018 年 5 月

> 背景分析

格力虽然推行多元化战略，但永远将空调视为主业，并认同"空调行业并没有到天花板"的观念，仍在空调领域深耕。首先，在市场方面，我国城镇化率仍在不断提升，居民消费仍在不断升级，空调更新换代需求依然旺盛，空调市场仍有拓展空间。在这种情况下，格力将继续致力于空调市场的拓展，推广商用空调。其次，在技术方面，格力在国内外建立了 15 个空调生产基地，专注于空调技术的研发与创新，让空调产品更加人性化、智能化。

很多企业在面对"专业化"与"多元化"时都不知道应该如何选择。其实，"多元化"并不是放弃主业、离开主业，而可以像格力一样围绕主业——空调，在上下游产业

链深耕。在多元化的过程中，空调业务仍会发展，并且可以从资金、技术、市场等方面为其他业务的发展提供支持，为其他业务的开展提供试错机会。

行动指南

很多企业在发展过程中都会面临"专业化"与"多元化"的选择，多元化虽然可以分散风险，拓展新的利润空间，但必须建立在"专业化"的基础之上。也就是说，企业要在某个领域深耕，具备了专业化的能力之后，再推行多元化战略。在这个过程中，企业仍要重视主业的发展，因为它是新业务发展的重要保障。

05月20日 多元化路径基于企业的发展战略

除了研制芯片以外，格力还在制造手机、投资新能源车，在外界看来，格力这家全球最大的空调制造企业似乎正越来越多地做着与空调主业不相关的事情。但手机也是格力产品体系的一部分，格力的智能家居一旦全面铺开，手机就是里面的一部分。至于汽车，为了更广、更长远的发展，格力必须进入这个领域，为什么？汽车空调我们打了那么多年，没有得到别人认可，银隆给我提供了一个推广汽车空调的平台，我们通过这一年销售，汽车空调现在已经不仅仅是为银隆服务了，这个门打开了，汽车行业都在重新审视格力的汽车空调，这就是格力得到的收益。

——《面对面》之"董明珠：奋斗与创造"，2019年3月

背景分析

格力凭借"专业化"在空调行业取得了巨大的成功。但影响空调行业发展的不确定性因素比较多，例如天气情况、房地产市场的情况等，每个因素都有可能导致空调市场遇冷。例如，2015年，国内空调市场上演价格战，最终引发了国家的宏观调控。如果不是2016年夏天天气极热，再加上房地产市场回暖，大多数空调企业可能会被高库

存压垮。为了分散单一空调行业的风险，格力开启了多元化战略，在手机、智能装备、芯片、铸造、新能源汽车等领域布局。格力的多元化发展不是盲目的，而是建立在企业发展需求之上的。

首先是智能装备行业。早在2003年，格力就开始对生产车间进行自动化改造；2012年，格力制定了自动化发展规划，先后成立自动化办公室、自动化技术研究院、自动化设备制造部、智能装备技术研究院等组织，并将智能装备制造事业部独立出来，成立了格力智能装备有限公司。格力明确了两大发展方向，一是工业机器人，二是高端数控机床。格力发展智能装备有两点考虑：第一，降低用工成本，解决将来可能出现的招工难问题；第二，随着智能家居、智能家庭时代的到来，空调必将实现智能化升级，为此，格力提前在智能装备领域布局，以在智能空调行业获得领先优势。

其次是智能家电。早在2015年年初，董明珠就看到了智能家电市场的巨大发展潜力。当时，一些家电企业推出了所谓的"智能家电"，例如通过手机控制开关的空调、热水器等。董明珠认为，真正的智能家电要自动达到人的要求，但目前市场上的智能家电显然无法做到这一点。同年，在中国家电及消费电子博览会上，格力展示了智能环保家居系统，该系统以住宅为平台，利用光伏技术、通信技术、自动化技术等将空调、冰箱等家电产品串联在一起，利用格力云控的大数据分析能力让用户享受个性化的家居生活。

最后是新能源汽车。很多人认为新能源汽车与格力的主业——空调风马牛不相及，但董明珠执意投资银隆，看重的不是它的造车能力，而是储能技术。董明珠认为储能与未来的智能家庭生活息息相关，如果没有电，所有智能家居都无法工作，储能技术则可以有效解决这一问题。

行动指南

企业在选择多元化布局的领域时不要盲目，可以围绕企业的主业向上下游拓展，同时考虑企业的发展战略以及未来的发展方向。

05月21日 市场的需要决定多元化趋势

为什么要做手机、冰箱、洗衣机呢？格力空调已经是世界老大，这个我有信心，10年不会改变。我并没有放弃主业，而是我认为市场需要我做多元化的业务。我不是为了赚钱而去多元化，哪个行业有钱赚就去做哪个行业，最赚钱的房地产我始终没做。冰箱、洗衣机并不是一个暴利的行业，但我为什么要做？是为了应对未来的智能时代做准备。

——《面对面》之"董明珠：奋斗与创造"，2019年3月

背景分析

2019年的《政府工作报告》提出要鼓励新兴产业发展，其中特别提到了高端装备制造行业。格力早在几年前就在高端装备行业布局，谈及这一决定，董明珠认为："要想提供令消费者满意的产品，没有好的装备是做不出来的。"提高产品品质，满足消费者需求，是格力进军高端装备制造行业的主要原因。

2013年，格力开始向小家电产业进军。2016年，格力开始发展智能家居。同年，格力研发生产了第一款手机，进入通信设备领域。2018年，格力将通信设备版块升级为重要的战略版块。格力之所以发展智能家居，主要是因为看到了物联网以及5G的商业化应用可能对家电行业产生的影响，认为在物联网时代，智能家居行业可能会发生巨大变革，彻底改变人们的生活方式，而在智能家居领域，手机将扮演非常重要的角色。

在多元化战略的指导下，格力的新兴业务遍地开花，但格力从不打价格战，而是用质量取胜。无论进军哪个领域，格力都会做到两点：第一，产品用料足、质量好；第二，树立格力"高端品质，核心科技"的品牌形象，形成核心竞争力。因此，在目前布局的高端装备、生活电器、手机、芯片等领域，格力或多或多都掌握了核心技术，希望像在空调行业一样用先进技术构筑一条宽阔的护城河。

行动指南

市场需求是保障产品销量、企业利润的关键。如果没有市场需求，无论企业在核心技术领域取得多么重大的突破，都无法转化为实际的经济效益，无法支撑多元化战略的开展。

05月23日 多元化发展的内在逻辑

第一个逻辑是因为追求品质而去做装备和模具；第二个逻辑是因为中国制造需要。因为我们有些高精尖的装备必须依赖进口，也就是说，这些设备卡住我们的脖子，让我们的企业不可能造出最精美的电子消费产品。

——中新经纬独家对话董明珠，2021年6月

背景分析

在《中国制造2025》发布同年，格力提出了"让世界爱上中国造"的口号，号召国内的制造企业提高产品质量，满足国内消费者不断升级的消费需求。随着消费需求不断升级，智能家居市场愈发火热，格力主动在该市场布局，利用所掌握的光伏发电技术与储能技术构建智能家居生态圈，满足消费者对智能家庭生活的需求。同时，格力开始用自身所积累的先进技术为全世界服务，例如，格力自主研发的智能装备和精密模具已经覆盖了整个产业链，开始为家电、汽车、卫浴、食品、医疗、电子等行业的企业服务，帮助这些企业生产出高品质的产品，为"中国质造"的实现提供助力。

另外，格力一直坚持自主创新，积累了很多核心技术、关键技术，可以引领中国制造企业从"中国制造"迈向"中国创造"。例如，格力以空调技术、模具技术、装备制造技术、新能源技术等多元化的技术为依托，形成多元化的业态，探索出一条独具特色的多元化发展路径，培育出三个极具核心竞争力的品牌——格力、大松、晶弘，以及众多工业品牌——凌达、凯邦、新元等。在中国制造崛起的过程中，这些业态与品

牌都将发挥重要作用。

> **行动指南**

制造企业要形成"家国意识",制定的多元化发展战略一方面要满足企业发展需要,符合企业的发展战略,另一方面要满足国家发展需要,符合国家发展战略。

05月25日 专注带来技术支撑力

格力不忘初心,主动创新,构建以质量为基础的自主创新体系,走相关多元化的发展路径,实现从中国速度向中国质量转变、从中国产品到中国品牌转型。

制造业并不"传统",要有创新意识。企业的成败不取决于专业化还是多元化,重要的是专注,专注能为技术提供支撑力。格力这家企业有创新文化,进军多元领域,不是因为一个企业简单的发展需要,我认为它是一个社会变化的需要。

——"让世界爱上中国造·自主创新"第二届中国制造高峰论坛,2016年7月

> **背景分析**

格力正式宣布"多元化"是在2016年7月在北京举办的第二届中国制造高峰论坛上,格力喊出了"创造改变世界"的口号。关于为何要走多元化道路,董明珠表示是为了"实现从中国速度向中国质量转变、从中国产品到中国品牌转型"。

凭借多年来自主创新掌握的大量核心技术,格力的多元化其实是用自己掌握的技术推动国内制造业转型升级,是顺应社会发展趋势、消费升级的重要决策。格力的多元化之路依然是坚持技术创新。格力在核心技术方面的积累非常丰富:目前累计申请国内专利83545项,其中发明专利42603项;累计授权专利47745项,其中发明专利11512项;申请国际专利3987项,其中PCT申请2134项。在2020年国家知识产权局排行榜中,格力电器排名全国第六,家电行业第一。现拥有33项"国际领先"技术,获

得国家科技进步奖2项、国家技术发明奖2项、中国专利奖金奖4项。在这些技术的支持下，格力完全有能力独立推行多元化发展战略。同时，通过格力多元化、高品质的产品，消费者也能感受到格力丰富的技术积淀与强大的创新能力，从而进一步增强对格力的信赖。

行动指南

制造企业的多元化要建立在丰富的技术积累上，而技术积累则要靠专注来实现，因此，制造企业在"多元化"的同时不要忘记"专业化"。

05月26日 独有的产品赢得市场

人的失败在于看不清自己，企业也一样。多元化、专业化不能决定企业成败。只有专注，才能决定成败。我们有国际领先的核心科技，有光伏空调，有三缸双级变容压缩机，我们独有的产品赢得了市场。

——2018年度格力干部会议，2018年2月

背景分析

过去，空调行业的核心技术主要掌握在日本、美国等发达国家手中，这些国家的空调企业利用技术优势封锁中国，导致我国空调行业发展举步维艰。为了掌握核心技术，格力成立技术攻关小组，第一个要突破的技术难关就是变频多联技术。技术攻关小组用了一年时间研发出中国第一台拥有自主知识产权的变频一拖多空调机组，打破了日本的技术垄断。

2005年8月，格力研发生产出国内第一台拥有自主知识产权的离心式冷水机组大型中央空调，打破了美国对离心机技术的垄断，并成功地从美国手中夺下近百项大工程，包括安徽黄山徽州大酒店、珠海华润万家商场、山东曲阜国贸中心等。2011年，

格力再次亮剑，推出1赫兹变频空调，让变频空调维持1赫兹低频运行，电量消耗相当于1个家用照明灯。凭借这项技术，格力获得国家科技进步奖，成为该奖项自设立以来唯一一个获奖的空调企业。

行动指南

随着企业越来越多，蓝海市场已经所剩无几。在竞争激烈的红海市场上，企业想要占据一席之地必须有真正属于自己的优势。

05月27日 向精工制造企业转型

格力电器实现可持续发展很重要的原因，是它完全靠单品类的量来实现全球第一。格力空调在中国市场达到接近50%的份额，在国际市场也是单品类全球销量第一。格力将继续以空调产业为支柱，大力开发新能源、生活电器、工业制品、精密模具、手机、智能装备等新兴产业，使格力从单纯的家电制造企业向精工制造企业转型，实现多元化稳健发展。

——"让世界爱上中国造·自主创新"第二届中国制造高峰论坛，2016年7月

背景分析

2018年，格力电器获得中国质量领域的顶级奖项——"中国质量奖"，这是其多年来始终注重产品品质，将产品质量视为生命的最佳奖励。

20世纪90年代，在空调行业陷入价格战的情况下，格力电器打出"好空调，格力造"的口号，开始推行"精品战略"，要求产品做到零缺陷，在消费者心目中树立品质好的品牌形象。21世纪初，在其他空调企业跳出价格陷阱、关注产品质量时，格力推出"6年免费保修"等售后政策，开家电行业售后质保先河。2012年，为了进一步提高产品质量，董明珠提出"以品质替代售后服务，最好的服务就是不需要售后服务"的理

念，建立"四纵五横"管理体系，提出"让世界爱上中国造"的口号，开始打造"中国品牌"。

2016年，格力模具开始对外销售，服务宝马、通用、沃尔沃等30家国际知名企业，格力迈入精工制造阶段。2021年，格力升级售后服务，延长家用空调保修期限，承诺"10年免费保修"。要知道，家用空调的正常寿命就是10年，格力的这一政策将倒逼企业进一步提高产品质量，甚至会带领整个行业进一步升级产品品质。

行动指南

党的十九大报告与中央经济工作会议多次强调"质量"，并提出"质量第一""质量强国"等概念，说明国家已经将"质量"提升到一个前所未有的高度。在此形势下，国内的制造企业必须树立质量意识，加强自主创新，引领产业与行业实现深度变革。

05月28日 专业化与多元化没有本质区别

格力电器现在已经完全是一个多元化的企业。格力电器扎实做空调，掌握了空调的核心技术，后来因为科技不断发展，所以又向很多新的技术领域不断延伸。

其实专业化和多元化没有什么本质的区别，关键在你内心专注，你对市场的用心，你对别人的尊重，这将决定你是否能够做成功。

——2018中国企业家博鳌论坛，2018年12月

背景分析

在2016年之前，格力的发展战略就是创新空调科技，专注于空调产品的研发与生产，格力对自己的定位是"生产销售空调器、自营空调器出口及其相关零配件的进出口公司"。但从2016年开始，格力突然宣布开启多元化战略，并在2017年的公司年报中表示"格力电器要做一家多元化的全球型工业集团"。2018年，格力的多元化战略进一

步清晰，"格力电器要做一家多元化、科技型的全球工业集团，覆盖空调、生活电器、高端装备和通信设备四大领域"。

随着多元化战略不断推进，格力电器的产业涵盖了四大部分：第一，空调产业，在未来的发展中要继续保持引领地位；第二，生活电器产业，在未来的发展过程中要赶超对手；第三，高端装备产业，是多元化工业集团建设的重要支撑；第四，通信设备产业，主要为物联网时代的发展做准备。做这四大产业并不是格力一时兴起、贸然决定的，以高端装备产业为例，格力在研发空调产品的同时逐步掌控了整个产业链，上至压缩机、电机等零部件的研发与生产，下至废弃产品的回收与利用。因此，格力进入高端装备产业是在有了一定技术积累的基础上的慎重决策，是顺势而为。

行动指南

企业在制定多元化发展战略时要慎重，最好以主营业务为基础向上下游拓展，逐渐拓展自己的业务版图，切忌"蹭热点""赚快钱"。

05月29日 挣脱瓶颈

如果要说"卡脖子"的问题，那就是眼下我觉得格力这个品牌被空调打上了太深的烙印。现在的格力已经不是一家空调企业，而是覆盖了家用消费品和工业装备等诸多领域的工业制造集团。

大家讲到空调就一定会提到格力，但是谈到冰箱、洗衣机，可能很多人对格力还没有这样深刻的领会，但是只要用过格力的冰箱、洗衣机，大家就会说，没有想到世界上还有这么好的冰箱、洗衣机。

这就是刚才讲的格力"绿水青山"的理念，格力电器一直在研究探索节能环保。所以，我觉得，格力现在唯一要突破的就是格力要让更多的人认知到它是一家全产业链的电器产品企业。

——中新经纬独家对话董明珠，2021年6月

背景分析

在空调领域的领先优势既为格力带来了经济利益与社会荣誉，也给格力的发展造成了一定的制约。2015年，董明珠宣布格力进军手机行业，但直到2021年，格力手机也没有推出"爆款"产品，在业界引发了"格力多元化失败"的热议。

董明珠并不认同这一说法，她认为："空调我们做了30年，做冰箱才三五年，三五年无法跟30年比，最起码要给市场一个接受的过程。说到做手机，大多数人认为格力做手机失败，我从来不认为失败，因为我没有把这个产品拿到市场上去正式销售。随着智能时代的到来，如果一个家庭用的全部是格力产品，就可以通过手机跟所有的电器产品进行物联，用格力手机来控制这些电器产品，那么格力手机就成功了。"格力多元化的过程，也就是其挣脱发展瓶颈的过程，随着进入的领域越来越多，相关技术的发展越来越成熟，格力的前景也会更加广阔。

行动指南

任何企业在发展过程中都会遇到瓶颈，多元化是摆脱瓶颈的一条有效途径。

6月

品牌与营销：
诚实面对你的消费者

06月2日 有了口碑就会有市场

全社会都在讲聚焦,而格力应该聚焦在三点:第一,质量好;第二,技术先进;第三,服务好。有了这三点就会有口碑,有了口碑就会有市场。

——2018年度格力干部会议,2018年2月

背景分析

2021年3月,中国标准化研究院顾客满意度测评中心发布了空调行业顾客满意度调查结果。调查显示,格力位居空调行业顾客满意度及其他各项指标行业第一,顾客满意度已连续10年位居榜首。

此次调查内容包括6个方面,分别是品牌形象、预期质量、感知质量、感知价值、满意度和忠诚度,调查指标扩展到40多项,包括设计、制造、销售、配送、安装、客服、维修、性价比等。在空调行业,此次调查了6个品牌,分别是奥克斯、长虹、海

尔、格力、海信、美的。其中，2020年，格力空调顾客满意度评分为84.2分，比2019年高出3.7分。此外，顾客对格力空调的整体形象、产品特征方面评价较好，对格力空调的产品质量也有较高预期。顾客忠诚度评分为83.8分，远超行业平均水平。

2020年，我国空调市场遇冷，零售量5134万台，同比下降14.8%，零售额1545亿元，同比下降21.9%。在此形势下，格力主动求新求变，通过技术、服务、研发、生产、销售等领域的创新，在家用空调内销市场以36.9%的份额稳居行业第一的宝座，创造了连续26年保持行业第一的纪录。无论是顾客满意度调查的第一名，还是空调市场份额的第一名，都体现了格力在消费者心目中的良好口碑，而这正是格力多年坚持以消费者需求为导向、以用户最佳体验为核心、以用户满意为服务宗旨的最好回报。

行动指南

口碑是拓展市场的"利器"，而口碑形成的基础是消费者的满意度，因此，企业要提高产品质量，优化服务，在最大限度上满足消费者的需求，从而形成良好的口碑。

06月3日 人人都是质检员

质量管理，单靠质检员是远远不够的，所以要建立一条"人人都是质检员"的制度。我们要做到"人人都是质检员"。每个人都重视产品质量，发现与产品质量有关的问题并加以改进，产品质量就会不断提高。质量最终体现的是品牌价值。

——2018年度格力干部会议，2018年2月

背景分析

董明珠的严格与完美主义可谓业内皆知，这两点不仅体现在她对工作的态度方面，更体现在她对产品的高标准、高品质的追求方面。2012年，格力研发部门自主研发了一款新空调——格力全能王，可以在-30℃的极限环境下强劲制热，还可以在54℃高

温环境中快速制冷,将冬季制热效率提高了40%以上,将夏季制冷量提升了35%以上。项目负责人非常开心地将样机送交公司审核,董明珠只看了一眼就提出了一个问题,空调出风口的导风板闭合后与主机之间有一条1毫米的缝隙,因为这条缝隙,董明珠认为这不是一款"完美"产品。

其实在当时,大多数空调出风口的导风板闭合后与主机之间有5毫米的缝隙,格力全能王已经将这个缝隙缩小了400%,在业内遥遥领先,但董明珠还是不满意。为此,研发小组推翻了之前的导风板工艺,从各个细节着手,经过反复实验与改进,最终将这个缝隙缩小至0.3毫米,几乎可以忽略不计。即便到今天,这项工艺也处在行业领先水平。

在格力,像这样因为一个小细节反复实验、修改的案例数不胜数。董明珠经常说:"每个看似不起眼的细节都有可能让消费者的使用满意度大打折扣,有一丁点儿的小瑕疵都称不上合格的产品。"除了在产品设计与研发环节追求完美外,为了保证产品质量,董明珠提出"人人都是质检员"的理念,并创建了严格的质量审核制度,一台格力空调从物料采购到进入消费者家中,要经过862项质量检测工序,任何一项检测不合格都无法出厂。就是在这种高要求、强管理下,格力的顾客满意度才能多年来在行业保持第一。

行动指南

在经济高质量发展阶段,我国制造业要转型升级,从制造转向创造,从速度转向质量,从打造爆品转向塑造品牌,而这一切的基础都是质量。为此,制造企业要从上到下提升质量意识,不仅要提高产品质量,更要提高服务质量。

06月5日 质量标准的定义

每个人都要用心,用心提高企业产品质量,这就是匠人。在格力,质量标准有两个原则:一是格力的标准一定要严于国际、国家标准;二是格力的标准一定要以消费者需求为导向。质量关系到两个生命，一个是消费者的生命，一个是企业的生命。

——2018年度格力干部会议，2018年2月

背景分析

2020年，由中国标准化研究院、珠海格力电器股份有限公司等12家单位共同起草的《质量管理　基于顾客需求引领的创新循环指南》在企业质量管理和市场消费体验两大维度均获认可，成为国家标准，不仅可以推动产品质量从符合性向适应性、高可靠性方向转型，还可以推动整个制造业转型升级，实现高质量发展。

这项标准凝结了格力电器在质量管理方面的各种经验，是格力电器"完美质量"管理模式的精髓。格力电器"完美质量"管理模式是董明珠在2012年提出并逐步创立的，以顾客需求与社会责任为导向，采用"质量预防五步法"与"质量技术创新循环"，形成了"四纵五横、有机结合、系统集成、创新驱动"的特点，操作性、复制性极强，可以切实提高企业管理质量，为企业带来较高的经济效益与社会效益，获得了业内外的广泛认可。2018年，格力凭借"完美质量"管理模式获得"中国质量奖"。

其中，"质量技术创新循环"就是此次被纳入国家标准的《质量管理　基于顾客需求引领的创新循环指南》的核心，简称 D-CTFP 循环，是由顾客需求引领、检验技术驱动、失效机理研究、过程系统优化组成的逆向驱动循环。顾客需求引领企业形成了解顾客需求的方案，对顾客需求进行深入挖掘，将其转化为产品研发人员与生产人员可以理解的产品要求；检验技术驱动指的是将产品要求转化为对产品和零部件的检验要求，将不符合消费者需求的产品和零部件筛选出来；失效机理研究指的是利用专业技术与质量工具对无法满足消费者需求的产品以及失效的零部件进行分析，找到原因，发现风险；过程系统优化指的是根据失效机理研究的结果，对整个产品生产过程中潜在的风险进行优化管理，提高技术标准与管理标准，推动质量技术创新。

行动指南

提及质量管理，很多企业想到的是产品质量，让产品达到国家标准，其实除了产品质量，企业还要考虑消费者的需求与体验，满足消费者对美好生活的追求。因为国家标

准是基础、是底线，只能保证企业不受行政处罚，无法保证企业的生存与发展。

06月6日 商标之间的竞争

随着市场经济的发展，企业间的竞争已由过去的质量、价格竞争转为质量、品种、信誉、企业形象和服务水平等综合素质的竞争，进而发展为商标之间的竞争；可以说，在当时的空调市场上，谁能创出品牌，谁就能拥有称雄市场的资本，谁也就能够独占鳌头。

——《棋行天下》，2000年4月

背景分析

1990年，格力电器的前身冠雄塑胶厂使用的商标"海乐"被人抢先注册，时任总经理的朱江洪不得不为公司取新名字。朱江洪召集两位同事苦思冥想了三天，给出了一个新名字GREE（格力）。新名字GREE，虽然在英文中查无此词，但相近的great（伟大）、green（绿色）都有很好的寓意，而且与原来计划采用的品牌名称GLEE相近。另外，格力可以被解释为格外有力，中文寓意也很好。于是，朱江洪决定启用这个新名字，格力（GREE）就此诞生。

在之后的发展过程中，格力品牌经历了5次理念升级。品牌1.0阶段：1994—1997年，真材实料。在此阶段，格力提出"格力电器，创造良机"的口号。品牌2.0阶段：1997—2010年，质量为王。在此阶段，格力提出"好空调，格力造"的口号。品牌3.0阶段：2010—2013年，科技领先。在此阶段，格里提出"格力·掌握核心科技"的口号。品牌4.0阶段：2013—2015年，责任担当。在此阶段，格里提出"格力让天空更蓝，大地更绿"的口号。品牌5.0阶段：2015年至今，服务世界。在此阶段，格力提出"让世界爱上格力造"的口号。

行动指南

随着知识产权保护力度不断增强，品牌之间的竞争逐渐演进为商标之间的竞争，商标抢注现象频发。为了应对这一现象，企业要未雨绸缪，提前做好准备，及时申请商标保护品牌，在新产品进入市场之前，确保所用商标已经获得权利。

06月9日 一部大铁锤

格力还有件事曾轰动珠海：下设的技术部、质检部、企管办、总装分厂联合向公司实行空调器质量承包制。朱总让人在总装分厂厂部放了一部大铁锤，产品要是质量不达标，就由四个部门的负责人当众用铁锤子一一砸碎，并对责任人重罚；若是质量达标，就重奖。如此一来，1992 年，格力空调的开箱率几乎达到了百分之百。

——《棋行天下》，2000 年 4 月

背景分析

1995 年，当时担任格力董事长的朱江洪前往意大利考察。在考察过程中，一名客户向朱江洪抱怨格力空调噪声太大，要退货。朱江洪让人打开空调，发现导致噪声过大的竟是一块没有贴好的小海绵。这个事件让朱江洪下定决心整顿质量，回国后，朱江洪下发《总经理十二条禁令》（后又发展为《总经理十四条禁令》），要求员工时刻谨记。在朱江洪的带领下，格力从上到下树立了"狠抓质量，打造精品"的理念。

为了从源头——零部件控制好产品质量，格力建立了零部件筛选分厂，对每一个进厂零部件进行检验，一旦发现不合格的零部件立即退回，如果某供应商提供的零部件三番五次地出现问题，格力就与其终止合作。格力还成立了"质量宪兵队"，对空调生产各个环节进行检查。另外，格力在总装分厂门口悬挂一柄大锤以示决心，如果空调质量不合格，就用大锤砸烂空调。

从 1999 年开始，格力开始推行"零缺陷"工程，设立百万元巨奖，并引入"六西格玛管理法"。通过严格的质量管理，格力产品的维修率大幅下降。曾有一家美国企业在格力订购 4 万台空调，最终只发现 4 台空调有问题，不良产品率为 1/10000。

行动指南

企业进行质量管理决不能停留在口头，必须树立坚定的信心，制定严格的规范，采取强有力的措施。

06月12日 占先机

商场如战场，跑得要快撤退也要快——新品种的推出要比别人快，旧品种的淘汰也要比别人快，这样才能占先机。

——《棋行天下》，2000 年 4 月

背景分析

1996 年 3 月，有经销商向董明珠反映，格力的"空调王"价格更为合理，销量更好；而新推出的"冷静王"则价格偏高，卖不动。董明珠认为，消费者接受一种新的产品和放弃一种旧的产品都需要一个过程，对于"冷静王"销量提升缓慢的问题，一方面需要加大力度宣传，另一方面则需要等待消费者接受。

果然如董明珠预料，到 4 月下旬，"冷静王"的市场便开始启动，消费者愿意多花几百元购买"冷静王"。不过"冷静王"销量的暴涨却挤压了"空调王"的市场份额，使得"空调王"堆积严重。董明珠通过对市场的了解和分析，发现广东市场的消费者更加认可"空调王"，于是便决定将"空调王"主要转移到广东市场销售。到了 6 月，由于"空调王"全部售空，经销商建议增加"空调王"的产量，但董明珠却敏锐地意识到，一种性能更优、可以替代原产品的新品种出现以后，原产品终会被取代，应该根据未来的发展形势抢先一步早做准备，而不能等到原产品被市场彻底抛弃才停产。于是，董明珠没有完全接受经销商的建议，而是按步骤撤退，逐渐减少"空调王"的产量。

行动指南

良好的新陈代谢，能够帮助企业占得先机。

06月13日 好空调，格力造

"得人心者得市场"，只有始终把自己作为最大的竞争对手，才能不断超越自己，从而得到消费者的首肯与厚爱。这一简单明了的理念，不仅我自己坚信不疑，而且对部下们长期灌输。我们始终相信好产品是做出来的而不是说出来的，所以，我们的广告朴素而响亮——"好空调，格力造"！

——《棋行天下》，2000年4月

背景分析

概念营销，是我国空调业的一大特色。有的从业者认为，广告是扩大销售的根本，通过推销概念或者制造卖点，就能够吸引消费者的目光，拉动产品销量。但董明珠并不认可这样的做法，她认为，短期来看，这样做可能有一些效果，但好空调毕竟是做出来的，而不是说出来的，广告所起的作用应该是把产品的功能原原本本地传达给消费者，而不能从本质上扭曲广告的功用，将市场舆论引向一个虚无缥缈的境地，蒙蔽消费者的双眼。

但在1999年左右，电视和报刊上充斥着令人眼花缭乱的广告。活性炭、负离子、光触媒、换新风，新技术名词满天飞，有的厂商还推出中草药空调等令人大跌眼镜的产品。但实际上，这些"健康空调"并不是什么新生事物，在20世纪90年代中期就已经产生了，宣传的主要目的就是想突出卖点，但其实际功能却可能与宣传大相径庭。比如，所谓的"负离子"，不仅不一定对人体有益，而且可能会干扰其他家电的正常运转。在这样的大环境下，格力坚持不断超越自己，将主要精力用于空调的改良和创新，每年推出新品种。

行动指南

通用电气前总裁杰克·韦尔奇说："质量是维护顾客忠诚的最好保证。"

06月17日 100-1=0

许多人对营销有一种深深的误解，认为推销产品只是一种能力与技巧，可是，我不这么认为。这是把营销孤立起来的看法。在现代营销理论中，有一个著名的等式：100-1=0。也就是说，在产品和营销的所有关系元素中，哪怕出现一点错误，美誉就等于零。

经过近10年的营销生涯，我对这句话体会至深。在一个名牌产品的推广过程中，营销人员不再是一个单纯的个体，他接触面之广、碰到问题之复杂使得他的一举一动都会影响到品牌战略的实行，加速或延缓整个计划的执行。一个处处为企业整体利益着想的优秀业务员，会引导企业朝健康向上的方向发展，反之，如果一个业务员在推销产品的过程中处处为自己的利益着想，将自己的私欲凌驾于企业的利益之上，就会给企业带来无法估计的损失。

——《棋行天下》，2000年4月

背景分析

董明珠在成为格力业务员之后，在很短的时间内就取得了出色的销售业绩，因此她经常被称为"营销女王"。但在董明珠看来，推销产品并不只是一种能力与技巧，营销也不是孤立的，而是与众多细节息息相关。

董明珠接手的第一个格力市场是安徽市场。要找到安徽市场的"敲门砖"，董明珠认为自己首先要做的是找到一个有良好信用的经销商。在安徽，董明珠花了整整一个月的时间了解市场，跑遍了合肥、芜湖、安庆等多个城市，选定了几个经销商，打了几场关键的胜仗。

董明珠经过充分考虑后，选定淮南市场作为安徽的突破口。但刚开始的接触并不顺利，经销商要么对格力的产品毫无印象，要么对格力的业务极不满意。碰了钉子的董明珠意识到信誉对于企业开拓市场的重要性，她觉得自己必须为自己负责，也应该为公司的前途负责。在总结了教训以后，董明珠提醒自己，必须掌握谈话的主动权，细心观察对方的反应，关键的时候，不能固执己见。于是，她在踏进一家电器商店的经理室后，抓住主动权，先不谈付款方式，而是开始介绍自己的空调，从而做成了在安徽的第一笔生意。

货发到淮南后，董明珠也没有置之不理，而是与商店的经理一起分析市场，研究怎样基于市场的现状将空调推销出去。由于当时格力还是一个年产量只有两万台的小厂，没钱投放广告，为了防止产品长时间卖不出去导致商店失去信心，董明珠动员经理发动员工，将产品推荐给他们的亲戚朋友使用，通过使用者的现身说法打开市场。随着格力在这家商店的成功，良好的连锁反应也如期而至。

行动指南

安徽市场的初战告捷，离不开董明珠的努力以及到位的跟踪服务。在产品和营销的所有关系元素中，只有每一个都成功，美誉才不会等于零。

06月20日 不追逐暴利

因为成本是实打实的，你用一公斤的材料，就是一公斤的材料，这是没有办法减少的。所以产品的质量是定价的重要依据。你产品质量不好，你只有送给别人，可能才有一点市场。否则，你不可能有市场，用户不会因为你便宜几百块钱就去买。现在的消费已经发生变化，消费者都不是傻瓜。他们第一个看的就是质量，第二个看的是这个产品给他带来的生活的品质，第三个才看价格，所以作为企业也不应该去追逐暴利。

——《莉行观察》吴小莉对话董明珠，2018 年 3 月

背景分析

2001 年 3 月初，一贯低调的格力，在《北京晨报》和《北京晚报》同时打出广告："真金不怕火炼，格力空调，请消费者看'心脏'！"这是格力公司经过认真考虑后的一次整体性的安排。当时，朱江洪董事长到深圳，董明珠到北京，分别与公司有关技术专家一起为消费者讲解空调的"心脏"——压缩机，将格力使用的五种进口压缩机与国产压缩机做性能、价格上的全面解剖和评估。

之所以推出这个极具创意的策划活动，主要是由于 2001 年年初个别企业以低价机扰乱市场，混淆视听，影响了整个国内空调行业的健康发展。从外表看，不同品牌的空调差别不大，但事实上它们具有很大的差异。即使知名度、美誉度差不多的品牌，其产品差异仍然十分明显。当时，某品牌的工程机比格力价格低，但格力在市场上仍然能畅销，原因是消费者相信价高有价高的道理。

虽然业内人士对于空调的成本和价格十分了解，但消费者却被蒙在鼓里。在董明珠看来，如果任由劣质空调招摇过市，最终会损害消费者的利益。所以，作为中国空调业的排头兵，格力电器要勇敢站出来说话，让消费者真正了解"好空调"是什么样的，以及什么叫"格力造"。

行动指南

"打开空调说亮话"，敢于"开膛破肚"是因为有过硬的质量。

06月22日 用"时间差"和"空间差"打营销战

市场永远是一盘下不完的棋，我们不仅时刻在与经销商博弈，也随时在与别的厂

家较量，而这时，更需要高远的战略眼光。在这一较量中，我用"时间差"和"空间差"因素，打了漂亮的营销战。

——《棋行天下》，2000年4月

背景分析

过去，国内的空调销售一直遵循第一年9月至次年3月是淡季、4月至8月是旺季的惯例，淡季与旺季执行不同的销售政策。但1995年，董明珠首创"淡季返利"的销售政策，吸引经销商在淡季投入资金。此举解决了空调销售的最大痛点，不仅帮助格力填补了淡季生产的资金缺口，也缓解了企业旺季的供货压力。于是，当年格力淡季回款比上年增长3.4倍，率先占领了国内的空调市场。1996年，国内的空调市场形势格外严峻，董明珠则未雨绸缪，倾尽全力抓淡季资金回笼，到3月底回款已经超过15亿元，成功以"时间差"制胜。不仅如此，1998年，董明珠再出奇招：宣布将格力空调淡季策略延长一个月，4月继续执行3月的淡季价格，吸引了大批经销商。

董明珠还从"空间差"上考虑格力的市场分布。根据市场占有情况的不同，董明珠将市场划为三种类型：其他品牌占优势的区域；其他品牌尚未占优势，但有一定市场占有率的区域；各种空调产品均刚进入、市场尚需开拓的区域。基于这样的划分，格力用专利产品、填补国内空白的产品主攻第一类市场；用相对优质的同类产品参与第二类市场的竞争；用价格比较低廉、已经步入成熟期的产品参与第三类市场的竞争。

行动指南

出奇制胜。

06月23日 摸着石头过河

从来就没有神仙和皇帝，一切都要靠自己创造，靠摸着石头过河。我认为，市场经济初级阶段，中国营销人一方面要信赖自己的力量，坚持走自己的道路；一方面要不断调整自己，尽快和国际接轨，使自己的营销模式越来越完善。

——《行棋无悔》，2006 年 12 月

背景分析

　　加入 WTO 之前，一份对国内 150 家专业公司的调查显示，在回答企业最需要哪方面的帮助时，竟然有 132 家公司选择了"有效的营销方法"，中国企业营销乏术的窘境溢于言表。

　　对于企业的营销有着独到见解的董明珠认为，要解决中国企业营销乏术的困难，与世界先进营销思想进行更广泛的接触和对话是有必要的。我们需要一个反复的锤炼的过程。因为一些先进的营销理念必然以深刻的市场特点和企业自身的管理特点作为背景，企业在用这些营销思想时必须对背景加以了解，否则会造成操作层面的混乱。

　　在很长一个时期里，国内的一些企业依靠营销员打天下，一步一步做大市场。但是，由于营销员的个性和能力千差万别，市场的发展也参差不齐，出现了各种各样的问题。现代营销中，客情关系是市场关系中最复杂，也最有价值的一种关系。经销商可以选择经营 A 品牌，也可以选择经营 B 品牌，这种选择通常会受到一些条件限制，选择权力的大小与厂商自身的企业形象和营销能力成正比。只有在一种情况下可能会出现经销商与厂商形成长期稳定的联盟，那就是双方互相重视，共同为良好的发展前景而努力。这样的合作关系，也更有助于企业打造完善的营销模式。

行动指南

　　将国际先进的营销理念不加任何调整就引进中国，难免会产生南橘北枳的效果。

06月25日 "摘桃子"现象

　　20 世纪 90 年代以来，空调市场竞争激烈，但由于市场缺乏规范，这种初期的竞

争存在许多不合理之处。某些领导人从中产生一些错误的观念，认为一个企业的成功取决于某一些人，而不是整体的努力。有些企业认为只要有营销人才就能生存，因而不惜代价、不择手段，采取"摘桃子"的方法，从其他企业特别是从对手那挖营销人才；而一些营销人员也因此产生错觉，认为自己担负着企业的命运，营销人员在企业的身价也在企业互相挖掘中不断提高。一些企业就是靠这种方式而获得一时成功、一时辉煌的。

——《棋行天下》，2000 年 4 月

背景分析

1990 年前后，我国的空调行业刚刚起步，比日本晚了将近 30 年的时间，格力在当时还是一个名不见经传的小厂。在这个阶段，由于我国的空调行业整体缺乏自主技术，包括压缩机和电机在内的核心部件全部依赖进口，因此生产出来的空调实际上只能算组装产品。但由于市场缺口大，从 1990 年到 2002 年，我国的空调行业呈现出了爆发式的增长，行业竞争的主要方向是价格竞争。从一定层面来看，当时国内空调行业的命运确实寄托在销售人员身上。

国内的空调厂家开始高薪聘请营销人员，刚刚开始崭露头角的格力成了不少厂家挖人的对象。1994 年，格力的大部分营业员被竞争对手挖走，董明珠临危受命，成了格力经营部部长。一直以来，格力无心参与价格战，为了促进企业的发展，一边着手质量控制，一边进行营销变革。针对经销商串货严重、价格混乱等方面的问题，格力开始组建销售公司，统一渠道管理并强化与经销商的利益绑定，营销体系的变革也为格力获得竞争优势提供了巨大助力。

行动指南

企业应该重视的是品牌营销，而不能将企业命运与营销人员挂钩。

06月26日 品牌是企业的生命

我要呵护我的品牌，我们当时好不容易做了100多亿元营收，9亿美元就要卖掉，58%的股份啊，我当时觉得凭什么要卖，我今天不行，明天不行，但我后天可以行啊，只要我努力，我们走慢一点，也要走出自己的品牌来，所以当时我就坚决反对卖，很多人骂我，你算老几，你就是职业经理人，我可以不让你干，但是我的良心让我坚守。如果当时9亿美元卖了，格力品牌就没了。

——《君品谈》董明珠专访，2020年5月

背景分析

2004年，美国开利集团意欲用9亿美元的价格收购格力，最终因董明珠的坚持而失败。其实，在此之前，格力还经历过一场比较大的危机。2002年，格力在巴西建立生产基地的第二年，南美洲发生了一场金融风暴，货币贬值，巴西格力的经济效益受损。更严重的是，巴西代理商抢注格力商标进行敲诈，抵制格力。而在巴西格力内部，因为"中国制造"在巴西市场上的口碑下降，为了保证空调销量，员工建议抹去"Made in China"的标签。

这个事件令格力人非常气愤，于是，格力的管理层决定，"哪怕是花费比平时多数倍的钱，也要把属于中国的格力商标给'抢回来'，出口的机型上也必须说明格力是'中国制造'"。类似事件让格力充分认识到品牌独立、技术自主的重要性。董明珠认为，如果我国的制造业永远依赖国外的技术，做贴牌加工，只能维持"短快平"的现状，无法真正走向世界。因此，在收购风波平息后，格力电器开始加快技术创新的脚步，通过技术创新做大做强品牌。

事实上，在收购风波平息的第二年，格力就被国家质检总局授予了空调行业"世界名牌"称号，之后，各种荣誉接踵而至。2014年，格力进入《财富》世界500强名单，通过技术创新塑造了"中国品牌"，并在从"中国制造"向"中国创造"的道路上

不断前进。

> **行动指南**

对于企业来说，品牌不只是一个称号、符号，而是凝结了企业的形象、责任、实力等因素，被消费者识别、获得消费者认可的重要标志。因此，企业在发展过程中要塑造品牌，更要维护品牌。

06月27日 质量是品牌的重要支撑

一个产品首先应该保证质量，用户获得好的使用感受以后，品牌自然就获得了地位。过去，我们国家的企业曾经做过很多无形资产的评估，格力从不参与这样的评估。因为很多企业评估的结果为几百亿元，但一两个月以后品牌就垮掉了，那这样的品牌有价值吗？一个品牌能够长盛不衰，背后支撑它的就是质量以及技术。

——《对话》之"打造中国制造的黄金名片"，2017年3月

一个品牌的成长，要用质量来支撑。不要为了推广品牌而推广品牌，品牌的打造是一个长久的过程，不是靠一个广告来实现的，而是要有持续的品质保证，提高人们的生活品质，这才是真正的品牌。

——2019中国品牌价值评价信息发布暨中国品牌5·10晚会新闻发布会，2018年12月

> **背景分析**

质量是品牌建立的基础，更是制造业实现高质量发展的关键。为了提高产品质量，打造中国品牌，格力推行"完美质量"管理模式，坚持"零售后"目标，将产品的售后故障率从2004年的16429PPM（parts per million，每100万个产品出现的不良率）降至2019年的488PPM，进步显著。此外，在中国标准化研究院所做的相关调查中，格力空调的顾客满意度连续10年位列行业第一。格力还于2018年获得"中国质量奖"。这些

都是格力克服一个个困难，始终坚持质量第一的结果。

过去，中国制造企业的质量管理要向西方发达国家学习，引入 ISO、PDCI 循环等质量管理方法。而今，中国制造创立了自己的质量管理理论与方法。2019 年，格力电器用"完美质量"管理模式中的质量技术创新循环为制造行业提供了一项国家标准——《质量管理　基于顾客需求引领的创新循环指南》。在格力发展史上，这是一项光辉战绩。董明珠经常说："品牌背后的价值是质量，是工匠精神。"在董明珠的带领下，格力始终坚持用品质征服消费者，塑造中国品牌。

行动指南

质量是一个品牌耐久性、可靠性、精确度、易于操作和便于修理等价值的集中体现，是一个品牌长盛不衰的重要保障。因此，企业要塑造品牌，关键要从质量着手，数年如一日地保证产品质量，带给消费者优质的消费体验。

06月28日　分析市场要摒弃私心杂念

此次的降价大战给商家和厂家的教训都很多。这次之后，我更加坚定了这么一条原则，就是我们以后在分析市场时，一定要客观，不要带个人的意见或者私心杂念，如果我们把自己的私心杂念融进市场分析里去，个人的主观色彩就会占很大比例，给企业带来巨大的损失。

——《棋行天下》，2000 年 4 月

背景分析

1994 年 4 月，由于阴雨连绵，国内空调的销售遇冷。恰逢这个关头，董明珠又因为一场意外车祸而躺在了医院里。虽然躺在病床上，但是董明珠仍然时刻关注着安徽、江苏空调市场的变化。1994 年，由于通货膨胀、空调经销商的迅速崛起等方面的原因，市场的状况与1993年不可同日而语，空调厂家和商家都感受到了来自市场的无形的压力。

当时格力总部预料到了空调价格大战不可避免，并进行了积极的准备，可谓"万事俱备，只欠'热'风"。到了5月，南京仍然阴雨不断。到了5月下旬，以生产冰箱起家的顺德科龙率先降价；紧接着，多个品牌纷纷加入价格大战。作为格力驻江苏的业务员，董明珠承受着巨大的压力，她面临着是否降价的两难选择。朱江洪征求董明珠的看法，经过调查了解，董明珠仍然建议不降价，而当时格力全公司只有董明珠一个人坚持这样的看法。后来，事实证明董明珠赌赢了，南京接下来便持续高温，率先降价的厂家吃了大亏。

行动指南

管理者决策的依据是企业的长远利益。

06月30日 格力"出海"之路

中国制造业品牌过去也"出海"，并且量很大，但是你再问，就发现全是贴牌的产品，不是自有品牌的产品。

现在的情况当然好多了，我们现在追求出口的所有产品都是中国品牌自己的产品，中国制造。我们过去讲制造业"出海"都指在海外建厂，因为成本低，但是我一直认为我们是中国制造，祖籍依然是中国。虽然国际形势已经变了，但不是中国籍，还叫什么中国制造？

对于格力来讲，中国是我们的大本营，即使我们扩张，也还是以中国为主，但是我们也会到外面适当布局。比如在巴西，我们每一次运输产品过去大概需要半年的时间，短的也要三四个月，三四个月算好的，我是为了来当地做一些事，所以才在巴西投了一个工厂。

那么，这个巴西工厂推什么？推自主品牌，现在在这个国家到处可以看到中国的标志、格力品牌，我觉得这就是价值。比如我现在有上千亿元资产，如果为了实现6000亿元的销售目标，我可以用现在的企业收购另一个企业，然后公司销售业绩马上增加几千亿元，但这不是你的品牌。之前外国企业到中国来收购，比如西门子收购扬子冰箱，结果现在哪里还有扬子冰箱？

如果我们"出海"后，还是要借用别人的品牌，那么"出海"的内涵是什么？我觉得我们要做有内涵的事，坚持自己的原则，让格力标准走出去。

——中新经纬独家对话董明珠，2021年6月

背景分析

"十四五"期间，国际化是格力一个非常重要的发展方向。在国际化这条道路上，格力已经走了20多年。在"走出去"的过程中，格力形成了很多战略与模式。

第一，"先有市场，后有工厂"战略。2001年6月，格力在巴西建设的生产基地竣工，这是格力第一个海外空调生产基地，也是国内空调企业在海外建设的第一个生产基地。从这一年起，格力正式迈上了国际化的道路。2006年3月，格力在巴基斯坦建成了第二个空调生产基地。2008年，格力在越南建设了第三个空调生产基地。2011年，格力电器美国分公司在美国加利福尼亚州正式落地，标志着格力电器正式进入美国市场。

第二，自主品牌战略。与其他品牌依赖价格优势"走出去"不同，格力在"走出去"的过程中始终坚持自主品牌出口，以优质的产品与服务取胜。随着格力空调进入全球160多个国家和地区的市场，格力品牌的知名度与影响力不断提升，在国际市场上成功地塑造了一个"中国品牌"。凭借过硬的技术实力与良好的品牌形象，格力承接了很多国际项目，例如2010年南非"世界杯"主场馆及配套工程、2014年索契冬奥会大型商业中心、2015年米兰世界博览会等，展现了非凡的竞争力。

第三，专卖店模式。在国际化的过程中，格力将国内比较成功的专卖店模式复制到了海外。目前，格力在全球的专卖店数量突破了4万家。这些专卖店不只是商品交易场所，更是格力在海外市场展示自己的窗口。

虽然格力起初也是通过代工产品进入海外市场的，但格力积极求变，在对海外市场、消费者需求有了一定的了解之后，开始在海外建设工厂，打造并推广自己的品牌。董明珠曾说过："深层次的国际化一定是输出优质的和超越同行的产品、优质的服务、现代的高端技术，绝非简单的建厂、开店。格力的志向是成为百年企业，拒绝肤浅扩张。"在这种稳健的策略的指导下，格力的海外扩张之路必将越走越远。

行动指南

在拓展海外市场的过程中,企业要逐渐放弃对价格优势的依赖,通过技术创新、品牌塑造形成核心竞争力,这样才能在国际化的道路上越走越远。

7月
用户与服务:
最好的售后服务就是不用服务

07月1日 给消费者一个承诺

你在一个岗位上,这个岗位需要你承担多大的责任,你就应该勇于担当多大的责任。当你拥有权力,你要付出的自然就要比别人多很多了,用百倍的努力我觉得也不为过。其实,我代言格力不是像人们想的那样仅仅是节约了一点广告费,我觉得这是一种诚信的展示。

现在很多企业用明星代言,因为大家崇拜明星,用明星代言很多人就有消费的冲动。但是明星代言,也出现了一些问题,比如对产品质量把关不严导致代言"翻车"。

既然我是企业的法定代表人,那我要给消费者一个承诺:你看到我,你买我的东西有问题,你放心,你能追溯得到,能找得到。为了给消费者一个承诺,所以就变成了由我来做广告。

——2020年两会专访,2020年3月

背景分析

2014年3月,董明珠接替成龙担任格力的代言人,并与万达集团董事长王健林一起拍摄广告片。其他企业纷纷聘请明星担任代言人，董明珠为什么要亲自上阵呢？

一方面，作为新一代"网红"企业家，董明珠并不缺乏关注度，其一举一动、一言一行都有可能引发热议，她在消费者心目中的知名度超过了很多明星。因此，董明珠担任代言人自带流量优势。

另一方面，董明珠认为自己担任格力代言人是对市场的承诺，"我对自身的品质要求'天天3·15'，对消费者的服务要求'不要出现3·15'"。因为相信自己的产品，所以董明珠敢为自己的产品代言。产品出现任何问题，董明珠绝不会逃避，一定会负责到底。因此，董明珠被网友评为"格力最好的代言人"，不仅体现了企业实力，而且展现了个人魅力。

行动指南

除了保证产品质量与服务质量之外，企业要以实际行动向消费者做出承诺。

07月3日 摘"帽子"

我们中国制造为什么被别人戴上一个帽子，叫低质低价？确实在过去我们没有思考过消费者的感受。现在随着供给侧结构性改革，我们对产品的要求越来越高，消费者的满意度也越来越高。

——2019博鳌新浪财经之夜，2019年3月

背景分析

在全面推进供给侧结构性改革的过程中，企业要加强自主创新。在这方面，格力电器做出了很好的表率。我们对格力电器30年的发展历程进行梳理可以发现，格力电器是我国第一家走上自主创新道路的家电企业。正是基于自主创新带来的内生式成长，格力空调才能连续多年保持行业销量第一，市场覆盖全球160多个国家和地区。

即便如此，格力仍在坚持自主创新，不断拓展自己的业务范围，从家电到装备制造，格力进入了我国制造业最薄弱的领域。2017 年，董明珠携格力机器人亮相，并现场演唱我国国歌；2019 年，格力在第二十一届中国国际工业博览会上展示了拥有自主研发核"芯"的新系列工业机器人；2021 年，在中国国际铸造博览会上，格力又推出了一款载重 600 公斤的工业机器人。格力在机器人领域不断掌控核心技术，在其他领域也是如此。

行动指南

先进制造业是建设"制造强国"、实现中华民族伟大复兴的利器。因此，我国制造企业要积极推进自主创新，从产品末端走向设备前端，对标国外先进技术，向自动化、智能化方向转型升级，为"制造强国"建设提供源源不断的动力。

07月5日 以消费者的需求为标准

在北京我做了一个体验活动，用了 4 个日本的电饭煲和格力的电饭煲进行盲测，看哪一个电饭煲最好。让我很自豪的是，61% 的人认为格力的电饭煲最好。我们刚开始做电饭煲的时候，我是赌了这口气，我就不相信做不出一个好的电饭煲来。当时做这个电饭煲我们用了接近 5 吨的米。我们的设计人员最开始认为日本的、德国的这些是国际上比较先进的，应该以它为标准。我认为这个观念是错的，一定要以你的对象他的需求、他想要的那个东西作为你的最终标准，来鉴定你的产品好坏，这样你才能上一个台阶，否则你永远是跟随型的。

——《风云际会——G20 杨澜访谈录》专访董明珠，2016 年 9 月

背景分析

目前，我国社会的主要矛盾已经转变为"人民日益增长的美好生活需要和不平衡不

充分的发展之间的矛盾"。在家电消费领域，消费者的消费需求进一步升级，从关注产品质量、产品外观转向关注产品的绿色环保、健康舒适、便捷高效，倒逼家电企业转型发展。

格力打造生活电器品牌大松，研发电饭煲，就是因为看到国内有消费者专门去国外购买电饭煲。为了体现中国品牌的实力，董明珠组织团队攻克电饭煲的核心技术，并强调不要向德国、日本这些掌握了核心技术的国家学习，而是要面向消费者的实际需求。结果，格力成功了，在消耗了近五吨大米之后，格力研发出一款最好的电饭煲。

以消费者需求为导向，以所掌握的核心技术为依托，格力带给人们很多惊喜。例如，三缸双级变容压缩机技术让空调能在 –35℃的环境中稳定制热，突破了空调制热的极限；光伏技术极大地降低了空调的耗电量，让空调从"电费消耗大户"变为"不用电费"；"零碳健康家"为消费者带来节能环保、舒适健康的全新智能家居体验。

| 行动指南 |

消费者的标准应该成为制造企业永恒的追求。只有以消费者需求为标准，企业才能真正做到自主创新。

07月7日 消费者的权益决定技术发展方向

虽然我没管过生产、没管过技术，但是我可以在技术领域给他们指一点方向、在技术领域看到它的不足，那就是一点：消费者的权益在哪里？

——《十年二十人》之董明珠，2018 年 5 月

| 背景分析 |

在 2021 年中国家电及消费电子博览会上，格力电器携手格力、晶弘、大松三大消费品牌及凌达、凯邦、新元等工业品牌，发布了一系列创新产品与解决方案，涵盖了

家用、商用、基础设施应用、企业工业应用等众多领域。

随着多元化发展战略快速推进，格力的产品线一条覆盖了家庭生活的方方面面，一条向工业制造延伸。同时，市场不断向家用、商用、基础设施应用、企业工业应用等领域拓展，通过自主创新实现产业链一体化布局。对于格力来说，如何利用创新技术为消费者打造更智慧、更健康的生活环境，是未来的发展目标。

在消费产品领域，格力将从与消费者日常生活息息相关的空气、饮食、个人护理等领域切入，通过多元化的产品全方位守护消费者的健康；在工业产品方面，格力要继续拓展产品品类，从压缩机、电机、精密模具、智能装备等产品不断向外拓展，覆盖整条产业链；在品牌方面，格力、晶弘、大松三个品牌要满足消费者的个性化需求，凌达、凯邦、新元等工业品牌则要在所属领域深耕，满足用户对核心元器件的需求。

行动指南

在消费升级时代，制造企业要用先进技术带给消费者健康、智慧的生活，更好地维护消费者的权益。

07月9日 不合格的产品是对消费者不尊重

大家不理解，说我咬住奥克斯不放，它在市场搞乱卖1000块钱，现在我听说还有空调卖800块钱的，我最近就准备叫人再去买各种企业的产品回来进行检测，如果发现不合格，我们依然举报。我认为我讲的这些话，不是攻击，如果都做假产品、劣质产品，没有人来监督，那我们中国制造究竟走向何方？那我为什么这么较劲？不合格产品相当于是违法产品，你对消费者、对客户是不尊重的。

——《君品谈》董明珠专访，2020年5月

| 董明珠管理日志 |

背景分析

2019年6月10日，格力电器通过官方微博发布了《关于奥克斯空调股份有限公司生产销售不合格空调产品的举报信》，实名举报奥克斯生产的部分型号的空调与宣传能效不符，违背国家节能减排政策，严重侵犯消费者的合法权益，扰乱公平竞争的市场环境。经第三方机构检测，格力举报的问题全部属实。6月28日，宁波市市场监督管理局收到上级局转办的关于奥克斯空调股份有限公司涉及8个型号空调能效标识不符合规定的举报材料，当天立案。2020年4月，宁波市市场监督管理局对奥克斯做出行政处罚，责令奥克斯改正，罚款10万元，限期执行。

除宣传内容与产品的实际效能不符外，国内空调产品还存在虚标能效标识等行为。由于相关部门对产品的抽查频率较低，执法力度、处罚力度都比较小，企业违规操作的成本较低，所以才会有恃无恐地生产不合格产品。"视质量为生命"的董明珠对不合格的产品绝对无法容忍，在举报奥克斯引发热议之后，董明珠表示"如果发现不合格，我们依然举报"，坚决与不合格产品斗争到底。

行动指南

消除不合格产品一方面国家要加大监督、惩罚力度，提高企业的违法成本；另一方面企业要改变观念，增强产权保护意识与产品质量意识，提高管理能力与创新能力，拒绝生产不合格产品。

07月11日 创造一个"服务名牌"

一直以来，格力电器都十分重视对用户的服务，从公司发展的战略高度认识其重要性，致力于创造一个"服务名牌"。这个"格力"牌的服务是建立在一个独特的服务观和一套独特的服务手法之上的。

——《棋行天下》，2000年4月

背景分析

与众多品牌单纯强调售后服务不同,格力的服务观是:空调产品的服务要强化售前与售中。格力在售前、售中、售后一体化的全程服务观上建立了一切以顾客为中心的产品服务体系。售前、售中、售后,作为一个链条上的三个环节,任何一个都不容忽视,三个环节的整体表现决定了品牌的服务水平,任何一个环节的表现为零,那么整体的服务质量也为零。

虽然同为家电产品,但空调与电视、冰箱、音响等有所不同,消费者购买空调后,还需要专业的服务人员上门安装,并且安装水平直接决定了空调后期的使用体验。如果空调安装得当,那么用户的使用过程也会十分顺畅;反之,则可能给用户带来数不清的烦恼。而且,空调如果需要维修,必然会影响客户的正常使用,给客户带来麻烦。所以,从这个角度来看,售后服务对空调来说只是一种补救措施。

在经营的过程中,格力提出了"空调产品的服务要强化在售前售中""不拿消费者当实验品""强化质量意识,超越售后服务"等口号,尽可能地提前把问题消灭,实现从事后补救到事先预防的服务目标的转化。

行动指南

售前、售中、售后,任何一个环节的服务不到位,都不能为用户带来优质的服务体验。

07月13日 最好的售后服务就是不用服务

近年来,随着各种"星级服务"的兴起,中国空调行业出现了一些怪现象:消费者买回一台空调,隔三岔五会接到厂家的电话:"空调用得怎样?有没有什么问题?"甚至在你吃饭时、在你休息时打来。这种"热情"的"星级服务",令不少消费者深感厌烦。我们认为,真正优质的服务应该是从心理上消除消费者的后顾之忧。或者说,最好的售后服务就是不用服务。"在您购买之前，我们已经给了您充分的保障"，这是格力空调非常有名的一句广告语，对我们而言，此话真正是一诺千金。

——《棋行天下》，2000 年 4 月

背景分析

董明珠认为，强化产品的售前和售中服务是时代发展和服务本身发展的要求。随着消费者观念的升级，事后补救的单纯的维修服务方式已经越来越不适应形势发展的要求，会给企业造成很大的负担。因此，与产品相关的服务应该朝着"事前预防"的方向发展，更加关注售前和售中。

全程服务观的实施，需要企业建立一整套科学化、信息化的服务体系，真正为用户着想。1998 年 4 月，格力新出厂的空调装箱单中，增添了一张《中国质量万里行》杂志专项质量投诉卡。消费者如果对格力空调有任何不满，都可以通过该卡进行投诉，格力成为国内第一个敢于主动让用户向《中国质量万里行》杂志投诉自己的企业。1998 年 11 月，格力在湖北开通了第一条 800 免费服务热线，用户在使用格力空调的过程中遇到任何问题都可以随时拨打该热线，格力也成了国内最早开通该类热线的家电企业之一。1999 年，格力参与了《房间空气调节器安装规范》(GB 17790—1999) 的制定，该标准的制定和强制执行，对国内空调行业的规范发展产生了深远影响。

行动指南

用户服务应该真正从用户需求出发，而不应流于表面。

07月15日 10 年免费保修

就像人一样，随着年龄的增长，各种疾病开始增多，不是心脏不好，就是肺出问题。产品也一样，用到一定年限，它就会出现各种各样的毛病。人变老就要关注健康，而我们对电器更应该注重老化的问题。随着时间的推移，10年的产品能耗要比我们当初买的时候增加100%，翻1倍。比如，原来花1000元的电费，你现在可能要花2000元。能耗增长也是在消耗资源，不是你用不用得起的问题，消费者可能对多掏一点钱不以为然，但对社会资源的消耗是非常巨大的。我们做每一个决策的时候不能想当然，推行10年免费保修自己是要有底气的。

——中新经纬独家对话董明珠，2021年6月

背景分析

2021年，格力发布公告，将空调保修时间延长至10年，这是对"家用空调6年免费保修"政策的一次重大升级，体现了格力对空调质量的充分自信。按照2020年行业协会发布的《家用电器安全使用年限》的相关规定，家用空调的使用年限就是10年，格力推出"10年保修"政策，再加上同步开展的"以旧换新"活动，相当于对空调整个生命周期的质量负责，让消费者体验到"一次购买，终身无忧"的服务，在更大程度上保障消费者利益。

目前，空调行业大多践行6年的保修期，只有格力将保修期延长到了10年，这种底气主要来源于技术创新与对产品质量的严格把控。格力延长空调保修期，一方面是为了鼓励消费者信任并接受优秀的中国品牌，另一方面是想带动整个空调行业升级产品质量与售后服务，带给消费者更极致的体验。

行动指南

目前，商界有一个非常重要的营销理念——消费者购买商品并不意味着交易的结束，而是交易的开始。接下来，就是企业比拼售后服务的时刻。为了在售后服务方面建立优势，企业可以尝试创新服务内容，当然这要建立在产品质量高、企业实力强的基础之上，不能让售后服务成为负担，制约企业的发展。

07月17日 抢占顾客份额

从战略高度看,在技术成熟领域,各种产品技术差别不大,服务是争取用户最直接、最有内涵、最富有感情的手段,未来市场竞争的焦点不再是"市场份额"而是"顾客份额"。据专家分析,一个典型的不满意顾客会将他的不满告诉8至10人,而有两成可能性会向20人广而告之,要12个积极服务事件才能消弭1个消极事件的影响,一个品牌要吸引新的顾客的花费是留住老顾客的6倍。只抢到市场,不去维护顾客,这个市场便会成为"繁荣而空旷的工地"。

——《棋行天下》,2000年4月

背景分析

董明珠在掌管格力售后服务部以后,进行了一系列大刀阔斧的改革,使格力的售后服务部经过了一个从维修者到管理者、从管物到管人的发展过程。

为了适应信息化发展的时代潮流,格力在全国建立了一支规模庞大、管理科学、服务完善、反应迅速的售后服务队伍。顾客只要购买了格力空调,无论其购买途径是百货公司、家电公司还是专卖店,都能够得到及时、完善的服务。而且,由于实现了信息化管理,格力对每台机器都能够依据编码进行信息查询,比如,机器的零配件、售出的时间、顾客的联系方式、有无个性化服务需求等,从而保证了售后服务的科学高效。

科学化、网络化、信息化的服务体系使得格力能够在任何时候都能从容应对。1997年盛夏,国内多地气温飙升,空调销售异常火爆,不少品牌的空调厂家无法保证服务,而格力却依托强大的服务体系抢占了市场先机。

> 行动指南

"顾客份额"将导向"市场份额",别让市场成为"繁荣而空旷的工地"。

07月18日 在服务之前彻底解决用户所有的难题

在产品日益丰富以至过剩的形势下,服务水平的高低,已成为衡量一个企业素质高低的权威标志之一。用户特别关心企业的售后服务的保证能力,正规的企业必须有非常具体和完善的服务系统。

我相信中国古话说的"防患于未然",格力的观念是力争在服务之前彻底解决用户所有的难题。我们的服务不只是售后服务,而是贯穿于整个生产经营活动,强调售前、售中、售后三位一体的服务。用户想到的是我们已经做的,用户没有想到的是我们正在做的。

——《行棋无悔》,2006年12月

> 背景分析

在董明珠看来:售前服务是在产品设计、制造过程中多为消费者考虑,尽可能地保证产品的质量,不拿消费者当实验品。用户购买一件商品,能够得到的最大实惠正是可靠的质量;售中服务是在正确宣传、引导,帮助顾客做出购买决策的同时,严格执行管理制度,细化责任和义务,加强监督,确保经销商、特约维修点等配合企业做好销售和安装工作;售后服务是用真诚、一流的服务态度,消除顾客的不满,使顾客的使用过程更加顺畅,并最终成为品牌的忠实用户。

与其他企业的服务理念不同,董明珠认为,在售前、售中、售后三个环节中,售前和售中的重要性高于售后。因为售前环节对应的是产品的设计和质量,售中环节对应的是产品的安装过程。从用户的角度来看,其购买的空调安装以后,最理想的情况是能够顺畅使用,并不希望打电话要求厂家进行维修,也并不期待总是频繁接到厂家的回访电话。

由于大部分用户服务是在前两个环节完成的,所以格力电器提倡"售后保障"。通过实施"零缺陷"工程,格力希望用户在购买空调后五年内不需要维修服务,通过售前、售中、售后三种服务的统一,为用户提供一种超值服务。

> 行动指南

好的企业应该既应该想用户之所想,也应该超出用户所想,为用户提供一种超值服务。

07月21日 创造和保住顾客

管理学之父德鲁克一语道破企业奥秘:"企业的目的就是创造和保住顾客。"

管理学大师汤姆·彼得斯进而指出:"市场首先是客户,是用户,是有血有肉的人,而不是一堆干巴巴的统计数字。人情化、人性化是服务的原则之一。"

——《行棋无悔》,2006年12月

> 背景分析

虽然格力在用户服务方面做了很多的工作,但消费者了解得却比较少。为了创造和保住顾客,格力逐步完成了四个层面的转变。

层面一:服务工作由被动向主动转变,从"有病治病"到"无病防病",服务逐渐成了格力最重要、最人性化的筹码。通过在全国设立销售公司、办事处以及服务网点,格力对售后服务进行统一规划,由专人负责管理服务网点,贴近市场和用户,为用户解决实际困难。

层面二:质量监督由企业行为向社会行为转变。董明珠认为,真金不怕火炼,格力应该发动社会力量,把自己置于消费者的监督之下。比如,2000年空调销售旺季期间,格力发起"优质服务，由你监督"活动，邀请消费者对工作人员上门服务过程中的表现进行监督，得到了用户的极大欢迎。

层面三：维修服务从虚到实的转变。格力在珠海总部设立了24小时投诉热线，随时解答用户的疑难问题。

层面四：产品性能从自我了解向消费者了解转变。通过向消费者传播空调使用及维护知识，发动用户配合，以保证服务质量。

行动指南

企业所有行为的实质，都是以商品为媒介满足顾客的需求。

07月23日 高质量标准没有售后服务

我们从20世纪90年代初，1%甚至2%的维修率，到今年3/10000的维修率，就是1万台里面可能只有3台有故障或者有异常。可能有人说，我们企业承诺我服务好，你产品坏了我就来修，其实这是最坏的服务，我天天来给你上门服务，你愿意吗？那消费者要什么呢？他要买来的产品终生没有售后服务。所以，企业真正严格的高质量的标准是没有售后服务，这意味着你有一个精准的生产过程，那你的产品质量就好了。

——《君品谈》董明珠专访，2020年5月

背景分析

在技术人员与质检人员的共同努力下，格力已经将产品的维修率降到了3/10000，在业内遥遥领先，但董明珠依然不满意，她认为："哪怕维修率只有1/10000，对于消费者也可能是100%的伤害。"事实确实如此，董明珠作为企业家能认识到这一点，说明她真正将消费者放在心上，真正站在消费者的角度考虑问题，也是真正想为消费者提供完美的产品，保障消费者的权益。

为了践行对消费者的质量承诺，2012年，董明珠提出"以品质替代售后服务，最好的服务就是不需要售后服务"的质量管理方针，在企业内部形成了"四纵五横"管理体系。2015年，格力品牌升级，提出"让世界爱上中国造"的口号，并为此进一步升级质量管理体系，形成了"完美质量"管理模式。虽然董明珠提倡"最好的服务就是不需要售后服务"，但为了消除消费者的后顾之忧，格力先是在行业率先提出保修6年，后又将保修时间延长至10年。质量把控与终身保修双管齐下，既免除了消费者对产品质量的担忧，又帮消费者解决了售后问题。

行动指南

制造企业不要为拥有完善的售后服务沾沾自喜，因为真正优质的产品根本不需要售后服务。因此，在完善售后服务之余，制造企业仍要专注于产品质量，这才是企业发展的基础，是企业形成核心竞争力的关键。

07月24日 抓住消费者的心

市场就是消费者用人民币投票。我坚信，要做好营销工作，必须牢牢抓住消费者的心。人心，绝不是用甜言蜜语、向人们做无止境的许诺所能抓住的。

——《棋行天下》，2000年4月

背景分析

1999年10月中旬，格力在全国启动了"800万用户大回访"保养活动，这次活动历时两个月，动员近万人，涉及十几个省、市、自治区，为用户免费保养空调数百万台，首开国内家电售后服务之先河。格力的这次回访活动，向业界展示了全新的务实的服务手法，刷新了国内空调服务竞争的理念。

由于当时国家对空调的使用寿命还没有做出明文规定，消费者则默认购买的空调可以无年限地使用，而这就蕴藏了巨大的潜在风险。本着对消费者负责的态度，格力对全国 800 万用户进行了这次回访活动，向用户提供规范的空调保养服务，告诉消费者如何保养空调，怎样使用省电节能，并听取用户对格力产品的建议和期望。

根据 ISO9000 标准，为用户进行定期保养维护是一种"预防行动"，也是消费者真正追求的超值服务。虽然这次活动的投资巨大，但董明珠认为非常值得，这样的活动能够实实在在地变成对消费者的回报，提升消费者对于格力品牌的忠诚度。

行动指南

售出去的商品不是"泼出去的水"，要经常看看自己的产品。

07月28日 零缺陷

一个好的企业是经得起别人挑剔的。什么叫工匠精神？当我们的产品开发出来，生产线的每一道工序、每一个人都要做到极致。所以我提倡是"零缺陷出厂"。就是说你的产品出来是不能带着任何瑕疵的。因为，我们如果存在 1/10000 的瑕疵率，按照每年是 4500 万台到 5000 万台这样的销量，那么还有 4500 台至 5000 台需要售后处理。你如何来保证每一个消费者百分之百享受？

这就是我们要提出来的，工匠精神的价值在于每一个员工的岗位操作都是无缺陷的，这样才能保证你的产品是完美的。

——《思客讲堂》董明珠演讲，2017 年 6 月

背景分析

格力对产品质量的追求已经上升到了"零缺陷"，要求每个岗位的员工都要做到零缺陷，只有这样才能保证产品的完美。以焊接为例，一个三毫米的焊接点，格力的焊接工要在四秒钟之内将其完美地焊接出来，除了要保证焊接质量外，还要保证焊接的

美观。因此，在焊接的过程中，焊接工必须对焊接点的位置、焊接角度与轻重进行缜密思考。

虽然焊接是一门比较简单的工艺，但在空调生产过程中，焊接质量会直接影响空调质量。因为空调的运行需要冷媒在压缩机和铜管内循环往复，开展热交换。循环管道需要通过焊接连接在一起，一台空调至少有几十个焊接点，多的情况下能够达到几百个，任何一个焊接点出现问题都可能导致空调无法正常运转。为了保证焊接质量，格力对焊接工提出了明确要求：要求焊接工在焊接之前将工件清洗烘干，在焊接过程中严密监测，控制火焰温度与焊接时间，焊接完成后对试件进行解剖，确认焊接强度与焊接质量。之后焊接工件还要接受一系列检查，包括目测、耐压测试、真空箱氦检、卤素检漏等，确保焊接点没有遗漏，而且光滑平整，没有疤痕。在这种严格要求下，格力的焊接工形成了强烈的质量意识与责任意识，普通焊接工火焰钎焊的焊漏率在 1/10000 以下，优秀焊工降到了 1/100000。

格力对其他工作岗位的要求与焊接岗位一样严格，也制定了详细的工作准则与规范，正是在这种细致、严格的管理下，格力的产品才能做到"零缺陷""完美质量"。

行动指南

虽然世界上不存在完美的产品，但企业要追求完美，尽最大可能消除产品缺陷，尽可能使消费者买到完美的产品。

07月30日 消费者说了算

我曾经去过一个检测机构，我去了以后，我说："我这次来，希望你用苛刻的方法对我们企业送来的产品进行检测，要让它达到标准，差一点都不要让它过关。"他说他第一次也是唯一一次听到这样的话，所有的老总找到他，都希望能够放一马、开一个后门、饶这一次。我说："你如果饶我一次，看起来做了一件好事，但你实际上是最害我的人，因为你饶了我一次，就可能有第二次、第三次，由于你不断地饶我，而我的质量直线下滑，甚至达不到国家规定的最基本的技术标准，那我们坑害了消费者，市场以后就会投我反对票。"能不能做大，是市场、消费者说了算。所以对于一个制造业企业来讲，你做的产品，唯一要负责任的对象就是消费者。

——《波士堂》之"铁娘子董明珠的转型之路"，2012年9月

背景分析

关于对消费者负责，董明珠说过很多，例如"消费者要什么我就做什么""诚实面对你的消费者""把最好的产品带给消费者"等。为了对消费者负责，格力也做了很多，包括立足于消费者需求研发产品，攻克技术难关，建立"完美质量"管理模式等。董明珠之所以如此重视消费者，只因为消费者代表市场，而市场是企业生存发展的重要基础，甚至是决定性因素。

以前，在中间商的层层加持下，企业与消费者始终无法直接沟通，企业不了解消费者需求，消费者也无法向企业反馈问题。但在互联网时代，企业与消费者之间的这种隔阂被打破，企业可以近距离地倾听消费者的需求与反馈，产品研发人员也可以根据消费者需求设计产品。甚至，一些企业为了满足消费者的个性化需求推出了大规模定制服务，用来解决规模化经营和消费者个性化需求之间的矛盾。注重消费者需求的格力自然不甘落后。

2018年"双11"期间，格力发布了首款与天猫精灵联合定制的风赏变频柜机空调。用户将空调与天猫精灵连接，就可以通过语音控制空调开关、调整温度、切换空调模式等。另外，基于阿里巴巴的智能AI云端数据库，风赏变频柜机空调还可以记录用户的习惯，为用户提供定制服务。2021年，格力再发布新品——月亮女神空调，这款空调搭载格力6度智眠科技，内置睡眠温度智调节功能，创新睡眠温度调节模式，可以根据不同年龄人群在睡眠过程中对温度的不同需要，个性化选择睡眠曲线，自动调节送风温度，从温、风、湿、净、声、光六大维度为用户营造一个舒适的睡眠环境。

> **行动指南**

随着消费不断升级，消费者的个性化需求越来越多，企业要面向消费者的个性化需求，鼓励消费者参与产品设计，向消费者提供个性化定制服务，让消费者决定产品功能与各项参数。

8月

搭平台：
成为一个培养人才的基地

08月2日 成为一个培养人才的基地

人才从哪里来？我们没人才，怎么办？在人们的想象当中，或者是在我们很多的制造业企业家的想象当中：高薪聘用人才、引进外国人才。但是在这个过程当中，我们选择了自我挑战。我们认为人都是一样，很多年轻人是有创新能力的，但是要有机会、有平台。如果我们仅仅是靠引进人才，那么这些所谓的人才从哪里来呢？他不会从天上掉下来，我相信引进的人才，你无非是用高薪把他引进。那么，我们为什么不能成为一个培养人才的基地呢？

——创新设计助力新兴产业发展会议，2018年9月

背景分析

董明珠不提倡高薪聘请人才，而是采用人才自主培养模式，让人才与企业一同成长，从而增进人才对企业的感情，提高其对企业的忠诚度。董明珠认为只有自己培养

的人才才会对企业有感情，这种情感联系比利益纠葛要牢固得多。每家企业都有自己的文化，自主培养人才可以让人才全面理解、吸收企业文化，在将来的工作中使企业文化落地。从2016年起，格力开始推行多元化发展战略，随着涉足的领域越来越多，包括智能装备、智能家居、智能手机、新能源、高端装备等，人才需求大幅增加。格力通过系统、持续的培训，让员工不断汲取新知识，拓展新思维，提升员工个人能力与素质，以满足新技术、新产品的研发需求。

为了保证人才培养效果，格力的人才培养从员工入职开始，会持续很多年。如果是核心技术研发人才，入职后至少要接受两年时间的培训。在这期间，格力会根据员工的实际情况制定个性化的培养方案，包括导师辅导、专业技能培训、"筑梦格力"大学生训练营、一线生产实践、工作绩效辅导等，直到员工了解并认同企业文化、具备岗位要求的各项能力为止。

行动指南

很多企业推崇高薪聘请人才，从国外引进人才，引进的人才虽然各项能力很强，能在很短的时间内为企业发展做出贡献，但往往忠诚度较低，很可能因为更高的薪资投入其他公司的怀抱。为了避免这种情况发生，企业可以尝试自主培养人才，构建一支高忠诚度的人才队伍。

08月5日 搭建平台

格力电器现在拥有13000多名技术开发人员。总书记那天来到格力电器的时候，问了我们人才是来自哪里，我说全部都是我们自己培养的。因为格力电器有一个很大很大的平台，让有梦想的年轻人能在这个平台上充分发挥自己的智慧。所以格力电器在空调领域已经是世界老大，当之无愧。

什么叫创新？我们在很长一段时间都在讲，引进外国技术，引进高端人才。我对这个词有所理解，高端人才他天生就高端吗？不是。因为他有机会，有平台，他在这个环境下就能成为高端人才。所以我们格力电器在这个过程当中搭建平台，一万几千个研发人员全部都是来自中国高校的本科生、硕士生、博士生。我们有一个研究生2015年来到格力电器，在格力电器仅仅用4年的时间，就把自己带领的5个人的小团队发展成为今天40个人的团队。他们在这个过程当中专门着力于研究智能装备。

——2018（第十七届）中国企业领袖年会上的演讲，2018年12月

背景分析

2018年7月31日，格力电器在珠海总部举行了两大院士工作站揭牌仪式，两大工作站分别是格力电器电机与控制院士工作站和建筑节能院士工作站，这两大工作站的主要目标是培养自己的院士，为企业乃至整个行业的智能化转型储备人才。同年12月4日，格力电器又获批建立博士后科研工作站。这三大工作站的建立对于格力培养高素质人才、提高自主创新能力、强化产学研合作产生了重要影响。

"博士后科研工作站是在企业、科研生产型事业单位和特殊的区域性机构内，经批准可以招收和培养博士后研究人员的组织"，可以凝聚高端人才，提高企业的自主创新能力，推动科研成果落地转化。一般来说，只有创新能力、研发能力都很强大的企业才能获批成立博士后科研工作站。

除建立工作站，为人才提供充足的研发经费外，格力还积极推动产学研合作。例如，为了促进大学生之间的技术交流，格力举办了中国大学生工业工程与精益管理创新大赛、"格力杯"工业设计大赛等，与高校合作共同培养创新型人才。

行动指南

人才是一种重要的生产要素，但人才并非生来就是人才，而是在特定的环境中慢慢成长起来的。企业要重视人才的培养，为人才提供良好的成长环境，搭建发展平台，为企业的创新发展、转型升级积蓄能量。

08月7日 自己提升自己

事业有凝聚力，我们建设自己的企业文化，以共同的理想、共同的事业凝聚员工，使每个员工都感到自己的企业好，在这里工作是一种光荣。企业兴，员工荣；企业衰，员工耻。员工不只是打工仔，工作不只是单纯追求经济利益，员工是企业的主人翁，能参与企业的管理，以企业为家，为企业做贡献，实现自己与企业的共同发展。

戈尔联合公司的老板总结培养人才的经验，最重要的是一句话："在我们这里，人们是自己提升自己。"什么意思呢？员工们每一次承担新的责任，每一次搞出新发明，每一次生产出合格产品，每一次销出产品，都是对自己的提升。

——《行棋无悔》，2006 年 12 月

背景分析

格力在发展过程中一直坚持"增效不减员工"的原则，即便在新冠疫情期间，公司营收下降，格力也坚持不裁员。但在企业高速发展过程中，难免会出现员工跟不上企业发展脚步的情况。对于这类员工，格力一方面会通过培训提高员工素质，另一方面会安排调岗，达到人尽其才的效果。

这种制度产生了两大好处：第一，稳定员工，增强员工的归属感，让员工全身心地投入工作，不必为不可预料的未来而担忧；第二，培训选拔、内部转岗，可以保证来到新岗位的员工高度认同企业文化与价值观，缩短员工与岗位之间的磨合期，降低岗位适应成本。内部转岗为新部门提供了充足的人才，例如在 2013—2015 年，格力壮大模具、自动化制造等部门的规模，员工数量增长到 1500 人，大部分员工来自格力其他部门。

为了培养人才，格力在企业内部推行岗位轮换制度。在轮岗的过程中，格力将人力资源管理与自动化相结合，通过自主培养提高员工能力，鼓励员工从事更有价值的工作，引入机器人，代替员工从事对素质与能力要求不高的工作，推进自动化建设，

在提升生产效率的同时，更好地发挥人的价值。

> **行动指南**

自己提升自己，不仅指员工通过自主学习实现自我提升，而且指员工在实际工作过程中进行自我提升。为了让员工实现这种自我提升，企业要为员工提供更多机会，内部调岗、岗位轮换就是不错的方法。

08月12日 不欢迎跳槽来的人

家电行业所有跳槽来的人，我一概不要。格力所有的干部，都是自己培养的。要大胆启用年轻人。

——《十年二十人》之董明珠，2018年5月

> **背景分析**

一直以来，格力电器都有一个规定，只要是从同行企业出来的，无论能力多强，格力也不收留。因为董明珠认为，员工跳槽往往是因为利益未被满足或存在明显缺点，而这样的人是格力不需要的。我国的很多企业往往习惯于从其他企业挖人，主要是因为人才的培养需要付出比较高的成本。但格力立足于自主培养，从不怕没人才。

企业自己培养人才，不仅要投入物质资源，聘请讲师、组织培训、提供资料，还要付出大量的时间与精力，等待人才成长。而挖来的人才本身已经比较成熟，进入企业之后可以立即创造价值，只不过需要企业付出较高的薪资而已，相较于自己培养人才的投入，挖人的成本还是要低很多。

但董明珠认为挖人虽然减少了人才培养成本，但存在一定的风险。首先，挖来的人不一定认可企业文化，对企业的忠诚度不高。在董明珠的用人理念中，忠诚度排在首位。格力从不轻易辞退员工，但对于不认可格力的企业文化，对企业忠诚度不高的

员工,格力每年都要辞退一批。对于跳槽而来的人才,首先忠诚度考核就不合格,不符合格力"忠诚度第一"的用人理念。对于这样的人才,无论其个人能力有多强,格力都不会录用。

| 行动指南 |

相较于从其他企业挖人,企业最好自己培养人才,虽然投入大、见效慢,但忠诚度高、向心力强,能够为企业发展持续发光发热。

08月14日 不招聘海归

海归中确实有很多非常优秀的人才,从外面带回来了好东西,但我不能要,我要培养的是有自我创造能力的团队,要在自己的队伍里把他们培养出来,这个需要时间。

——《中国企业家》专访董明珠,2015年9月

| 背景分析 |

在其他制造企业争先恐后地引进国外优秀人才的情况下,格力选择了一条截然不同的道路——不招聘国外优秀人才,自主培养人才。格力创建了一支16000人的研发团队,团队中没有一个外国人,研发骨干基本是自己培养。很多人诧异,董明珠为什么会做出这一决定?拒绝国外优秀人才是不是也是一种自我封闭?

格力内部的管理层也曾质疑董明珠的这一决定,尤其在见到其他企业引进了世界上最好的设备,又从国外聘请了很多优秀人才之后,他们非常担心董明珠的这一决定会将格力置于危险境地。但董明珠认为,格力有自己的研发文化,即真正的创造要立足于消费者的需求,不任用海归也是因为这一点。格力可以培养出认同这种研发文化的人才,引进的海归可能会在格力"水土不服"。

另外,董明珠认为无论引进国外先进的技术与设备,还是国外优秀的人才,都是

依赖思维在作祟。企业要独立发展，要自主创新，就要抛弃这种思维，只有这样才能培养出一支真正属于自己的人才队伍，才能真正地为企业的创新发展、转型升级储备力量。

行动指南

企业要对外开放，学习国外的先进技术与经验，并不意味着企业在发展过程中遇到困难就要向"外"寻求援助。购买国外的先进技术与高端设备，引进国外的优秀人才，都是对外求助的典型表现。企业要独立发展，就要逐渐摒弃这种依赖思维，拒绝"海归崇拜"，尝试自主培养人才，自主开展技术创新，谋求更长远、更高层次的发展。

08月17日 人才战略影响企业角色

即使我不做了，格力的行业老大位置也不会变。因为我这几年花大力气为格力搭建了制度、资本、人才三个方面的战略。

——《十年二十人》之董明珠，2018年5月

背景分析

2019年5月14日，在格力电器科技创新大会暨2018年度国家科技奖励大会上，格力向科研人员发放了5000万元奖金，单项奖金高达120万元，这一事件不仅在格力内部引起了热议，在社会上也产生了巨大反响。社会上赞扬之声不绝于耳，人们认为这是格力重视人才、重视创新的体现。

在知识经济时代，人才储备在很大程度上决定了企业的创新能力，而创新能力又决定了企业的竞争力，因此，尊重人才、尊重创新逐渐成为企业的共识。很多企业标榜自己尊重人才、重视人才，但却没有实际的激励方案。此次，格力用5000万元的奖金为制造行业的人才激励做出了一个典型示范。国家为了鼓励创新，在全社会营造尊

重科研人才的氛围,设置了国家级的科技进步奖。此次,格力投入 5000 万元打造企业的科技进步奖,一方面是对国家鼓励创新政策的积极响应,另一方面也是格力人才战略的升级,用丰厚的奖金回报在技术创新领域做出突出贡献的科研人员,用实际行动向所有心怀创新之志的格力人证明:格力为人才提供平台,只要你有所作为,必能有所收获。

行动指南

企业尊重人才就要正视人才的价值,给予其实实在在的奖励与回报。

08月19日 为世界家电行业培养人才

如果格力电器真正能成为为我们世界家电行业培养人才的地方,我觉得那也是值得自豪的。

——《杨澜访谈录》专访董明珠,2013 年 11 月

背景分析

董明珠虽然对其他企业挖墙脚的行为深恶痛绝,但也看到了格力自主培养的人才的价值。从这一层面来看,董明珠认为只有实现了人才输出,才能证明我国的制造业真正强大。

正如美国的社会心理学家马斯洛所说:"人类性格的成长是'园艺'式的而非'雕塑'式的。"在人才培养方面,董明珠就像一个辛勤的园丁,努力为人才成长营造一个良好的环境,以她所推崇的"工业精神"为养料不断地浇灌,最终培养出一批有理想、有抱负、有能力、有社会责任感的人才,愿意为企业发展、社会进步贡献自己。看着自己精心细选出来的"种子"慢慢成长为能够独当一面的"大树",即便这棵"大树"最终离开格力"家园",董明珠也认为是值得的。一家美国企业有很多从格力走出去的人

才，听说这件事的董明珠非但不生气，反而为格力电器能够成为全世界制造业人才培养的摇篮感到自豪。

行动指南

董明珠说："企业家应该将人才培养当作一种社会责任，不要因能够挖来人才而认为自己有本事，能够培养一批人才才是真正的本事。"如果企业不仅能培养为自己服务的人才，还能培养为世界服务的人才，那便是企业实力的证明。

08月20日 培养有信念的人才

比如说我们的叉车工，他在一个叉车岗位上，他觉得很自豪，他参加中央电视台的《挑战冠军》，两次都获得了冠军。所以我们要培养这样的人才，他会产生这样的信念：看到一台设备，就知道肯定能把它造好。如果我们格力以后有能打造出这样的设备、能够为别人加工设备的人才，那这个企业的能量多大啊！

——《杨澜访谈录》专访董明珠，2013年11月

背景分析

提起格力的人才战略，董明珠曾经提出过一个问题：谁是人才？董明珠认为，人们关于人才通常有一个误区：认为无论什么岗位，员工学历越高越好。但其实，不少人都各怀其才——比如格力有名的叉车工。董明珠曾经说，格力的叉车工能把叉车开得像鱼儿在水里游一样灵活。这位令董明珠称道的叉车工正是曹祥云。

叉车工虽然只是格力生产线上的一个普通岗位，但曹祥云凭着自己对这一工作的热爱，苦练技术。在进入格力之前，他从未有过叉车驾驶经验，但经过刻苦的训练，他的技术已经达到了炉火纯青的地步，可以驾驶叉车在3分钟内成功打开30个瓶盖，创造了一项吉尼斯世界纪录。2005年，他还连续参加中央电视台《想挑战吗？》《走进

科学》等节目,并在《状元360》的"叉车王中王"比赛中蝉联冠军。由于对工作的专注和付出,曹祥云成长为年轻产业工人的先进典型。2007年,他荣获"广东青年五四奖章"。

行动指南

格力的精神是既讲市场经济,又讲奉献;格力的信念是为中国、为世界奉献最好的产品。

08月21日 只有自主培养人才,才能自力更生

过去的制造业是依赖别人的技术,关键的核心部件都是买来的。中国制造要走向世界,必须解决的核心问题就是如何提高创新能力。如何自主创新、自力更生?我们有不同的选择。让自己有技术,引进人才,这是一个方法;而格力电器看到的是更长远的,是自主培养人才。

——《面对面》之"董明珠:奋斗与创造",2019年3月

背景分析

企业自主创新的关键就是做好人才培养。格力注重人才培养,并在人才培养方面形成了一套成熟的模式。2019年4月,格力举办第二届"格力杯"全国技能大赛。这场比赛有两个目标:一是对服务人员进行培训,全面提高其服务意识与服务质量;二是选拔人才,为格力未来发展储备充足的人才资源。

"三百六十行,行行出状元",董明珠认为"每一个岗位都可能出现优秀人才,在格力,优秀人才不分岗位,都值得尊重"。为了做好人才培养,格力还创建了一套成熟的人才培养体系,创建格力学院、员工培训中心、售后实训基地等,推行全员培训,每年组织开展各类培训数十万人次,还建立了国家级工业机器人技能培训基地、全球

海外客户培训中心等，为企业发展储备了丰富的人才资源。

行动指南

优秀的人才可以为企业发展提供支持与助力，但优秀的人才更需要企业自主培养。

08月22日 让员工有尊严

幸福是要有尊严，你要让员工有尊严。2006年时，媒体上普遍都在说"打工仔""农民工"，但在格力电器绝对不允许讲这两个词。到了格力就是格力人，没有姓氏差别，没有背景差别。不管你来自农村还是来自城市，到了这里就是格力人，所以你要有尊严感，这也是幸福。

——2019博鳌新浪财经之夜，2019年3月

背景分析

2010年，《政府工作报告》提出"让人民生活得更加幸福更有尊严"，在这一基调下，"让员工更有尊严"开始在企业界流行。董明珠不止一次公开表示："格力未来的发展就是要让大家的生活更加美好，员工的幸福感是企业生命的源泉。"为了让各个岗位上的员工"体面地工作、有尊严地生活"，格力为员工搭建成长平台，并为其提供各种福利。

其一，主动加薪。2019年格力电器宣布从1月起对各个岗位加薪，平均每人每月涨薪1000元，总增加薪酬在10亿元以内。这是格力第二次全员加薪，上一次是在2016年，也是平均每人每月涨薪1000元。其二，话费福利。从2019年7月1日起，员工使用指定号码卡，每人每月100元以内的费用由公司承担，员工可以使用这个电话卡打工作电话或生活电话，还可以免费办理4张以内的家庭副卡，供家属使用。其三，安排住宿。从2005年开始，格力陆续投资6亿元建设了康乐园一期、二期工程，为员

工提供免费住宿，帮1万多名员工解决了住房难的问题。其四，员工子女入学读书问题。2018年，董明珠筹备多年的格力学校正式落地，并面向格力员工子女招生，解决员工子女入学难问题。其五，救助基金。2009年开始，格力员工自发成立了"阳光互助基金"，集团出资10万元作为启动资金，为突发重病或者突遇意外事故的员工以及家属提供救助。

> 行动指南

企业在培养员工的过程中也要关注员工的物质生活，完善各项福利保障，让员工"体面地工作、有尊严地生活"。

08月23日 增强一线工人的荣誉感和凝聚力

每一个蓝领工人都是质量控制的关键人物，必须增强其荣誉感和凝聚力。与一般企业不同，格力生产线上的一线工人月收入在珠三角地区居前列。

格力电器规定，所有分配来的大学生必须有三个月在车间装配线上干活，以此熟悉工艺流程，学习企业文化。而大学生在车间锻炼，也会深切体会到蓝领工人的艰辛，后来在设计产品时更多地考虑如何给一线工人带去便利。

——《行棋无悔》，2006年12月

> 背景分析

格力培养人才的重点之一，即培养员工对于企业的忠诚度，这是一项战略性的工作。格力不断提高员工的待遇，为其创造良好的工作环境和提供保障。

在格力成立初期，由于受到企业实力、场地等方面的制约，员工的工作生活环境相对比较差。随着格力的经济实力越来越强，虽然企业内部并不提倡铺张浪费，但也会想方设法改善员工的工作生活条件。格力不惜投入资金购置了豪华大巴，使员工上下班以及外出活动等的条件得以改善；建设了国内一流的技术中心、销售中心，以及功能齐全的员工生活区等。

在工资待遇方面，格力的做法也与其他企业有所不同。在很多企业中，技术人员和营销人员等容易被重视，而生产一线的工人则容易被忽略，企业内部待遇差距特别大。而董明珠认为，空调行业虽然属于劳动密集型产业，但对一线工人的技术要求也很高。因此，也应该适当提高一线工人的待遇，增强其荣誉感和凝聚力。

行动指南

IBM创始人托马斯·沃森自始至终把人放在第一位，认为尊重员工是成功的关键。

08月24日 你的员工满意吗？

其实我觉得我们今天存在一个社会问题，就是"错位思维"。我们的大学生毕业应聘首先得问"你给我什么待遇"，但是我们企业老板招聘希望知道"你能给我带来什么技术"。所以，这两者之间错位了，错位导致了一些不良的社会现象。我觉得作为管理者，特别是我们现在很多的企业家，你第一个要思考的是：你的员工满意吗？

——《思客讲堂》董明珠演讲，2017年6月

背景分析

近年来，随着消费者地位的提升，很多企业都开始考虑"消费者是否满意"的问题，却忘记反思"员工是否满意"。而格力"想职工之所想，急员工之所急"，为了提高员工的满意度，推出了很多暖心福利，例如：创办格力学校，解决员工子女的入学问题；建设格力明珠广场，为员工分房。除此之外，还有涨薪资、发补贴、建立格力学院等。

除此之外，格力还秉持公平、公开、公正的原则创建了一套人才培养体系，建立

了"能者上，庸者下"的晋升制度与淘汰机制，设立"科技进步奖""管理创新奖""合理化建议奖"等奖项，举办"金牌员工""杰出进城员工""技能标兵"等荣誉评选活动，激发员工活力，不仅满足了员工的物质需求，还促使员工不断提升个人价值，实现自我成长与发展。

在人才流动性极高的社会环境下，董明珠认为留住员工的关键就是要尊重员工、善待员工，让员工有尊严，只有这样才能提高员工的忠诚度，让员工与企业共荣辱、同进退。基于这种认知，格力采用多种措施增强员工与企业之间的连接，打造事业共同体、发展共同体、命运共同体，为企业发展提供不竭动力。

行动指南

在考虑"员工能为企业带来什么"之前，先考虑"企业能给员工什么待遇"。

08月28日 人走了，怎么办？

我们企业开会讨论最为激烈的话题之一就是：人走了，怎么办？大家认为现在的人不听话，现在的年轻人都比较活跃、比较自我。但是，我认为一个企业能够留下的人，他一定认同你的文化。当他不认同你的文化时，你强行留下来也没有用。

那怎么办、怎么改变？对于培养了10年8年的人才被挖走，目前还没有出台这样的政策；或者对于把企业的技术带走有一个惩罚制度，目前也还没有。所以，我们希望来推动这个进步，国家应该有相应的标准和规范出来。我培养了10年，你挖走没有关系，但最起码有一定的赔偿来制约。那么，面对这个现状，我们不能束手无策，我们不能不去思考，我们不能不创新，因为即使走掉的人，他带走的也是你过去的技术。但是格力是一个创新型的企业，要不断地创造更好的技术，而不会停留在过去的技术上。我们在思考当中，认识到我们要埋怨的是我们的管理团队，管理团队没做好，所以我们对人才的去留更多的是用一种创新的思维去思考。

——《思客讲堂》董明珠演讲，2017年6月

背景分析

经过30年的发展，格力电器现有近9万名员工，其中有近1.5万名研发人员和3万多名技术工人。不仅如此，公司现有15个研究院、126个研究所、1045个实验室、2个院士工作站，拥有国家重点实验室、国家工程技术研究中心、国家级工业设计中心、国家认定企业技术中心、机器人工程技术研发中心各1个，同时成为国家通报咨询中心研究评议基地。由于提出研发经费"按需投入、不设上限"，经过长期沉淀积累，目前格力电器累计申请国内专利83545项，其中发明专利42603项；累计授权专利47745项，其中发明专利11512项；申请国际专利3987项，其中PCT申请2134项。在2020年国家知识产权局排行榜中，格力电器排名全国第六，家电行业第一。现拥有33项"国际领先"技术，获得国家科技进步奖2项、国家技术发明奖2项、中国专利奖金奖4项。

人才战略的实施虽然有力地带动了格力的发展，但也给董明珠带来了一个很大的困扰——格力花费巨大成本培养的人才频繁被其他企业挖走，应该怎么办？相关的资料显示，格力每年被其他企业挖走的员工高达600人，而且大部分是技术型人才。技术型人才往往需要经过5至10年的高投入培养，其出走造成的损失是十分巨大的。

事实上，人才流失的问题并不只出现在格力。目前，各个行业，尤其是制造业都面临着人才供给不足的问题，人才的流动性越来越强，"留不住人"已经成为国内企业普遍面临的难题。当然，就目前来看，这一问题仅仅依靠企业也无法得到妥善解决，需要政府以及社会等各方的协调和努力。

行动指南

日本经营之神松下幸之助认为，企业最大的资产是人。

08月29日 企业的人才需要流动

格力受疫情的影响很大，我们一季度损失300多亿元，给员工发工资就要20多亿元。我们没有降薪、没有裁员，而且今年我们还要招5000个大学生。因为我们现在有15个研究院，我们这些研究院不仅做空调，还做电机、机器人、电饭煲等生活电器，需要不断地沉淀新的研发人才。因为你的技术是不能断层的。来5000个大学生，我们培养了三五年以后，可能只剩下了2000个。我觉得离开是正常的，因为一个企业这么大，它就像一条河流一样，它是活水，会越来越清净。要是一潭死水，这水会越来越臭。

——《君品谈》董明珠专访，2020年5月

背景分析

对于一家企业来说，人才流动是非常正常的事情。但作为一家技术创新型企业，格力的人才流动导致大量技术外流，专利侵权、商标侵权的事情时有发生。有人认为，格力人才流失的主要原因是薪资太低。但在珠海市，格力的平均工资比当地平均工资高很多。并且，格力不推崇高薪留人，而是为人才成长营造良好的环境，提供广阔的舞台。

格力人才流失严重，恰恰说明格力培养的人才非常有市场，是其他企业争抢的对象，也证明了格力"授人以鱼不如授人以渔"的人才培养模式的成功。在"选、育、用、留"的人才培养体系和多通道激励体系的支持下，格力培养了一支规模庞大的科研队伍，成员大多数非常年轻，还有很多人是大学毕业就进入格力，对格力产生了浓厚的感情，这些人都是人才流动沉淀下来的精华，也是格力未来发展的核心力量。因此，董明珠不担心人才流动，因为总会有人留下，而留下的人才是企业需要的。

行动指南

有人说企业的"企"字可以被解释为"有人则企，无人则止"，人是企业发展的重要战略资源，一个成功的企业必须不断凝聚人才、培养人才，既要增强人员对企业的认同、对企业的黏性，又要正确看待人才流动，树立正确的人才观。

9月

组团队：
管理也是生产力

09月2日 个人行为影响企业文化建设

无论一个企业是民营的还是国有的，它最后都是社会的。你不能说因为资产是你的，你就要去努力，其实资产最后也都是社会的。因为一个人的寿命是有限的。高处不胜寒，当你的职务发生变化，你的职务越高的时候，你越要放弃很多自己的东西。如果不放弃，就很难进行正向的企业文化建设。如果为了自己的利益行事，就会给企业的文化建设带来隐患。比如偷工减料、送进来的零件不达标，可能个人的利益获得提升，但企业就得不到市场的认可。

——《杨澜访谈录》专访董明珠，2013年11月

背景分析

2012年，是董明珠任格力董事长首年，她明确地将企业文化视为企业的核心竞争力，具体体现在，在"公平公正、公开透明、公私分明"的务实企业文化基础上，注入不断推陈出新的自主创新基因，以"让天空更蓝，大地更绿"为崇高使命，使运用核心

技术的精品产品通过自主掌控的销售渠道服务消费者。另外，在企业内部推行"公平公正、公开透明、公私分明"的管理方针，培养领导干部"正道、正气、正义"的管理作风，倡导全体员工践行"讲真话、干实事；讲原则，办好事；讲奉献，成大事"的行为准则，坚持做到严格按照法律、规定、制度、标准开展工作，着力形成管理"合理化、科学化、标准化、网络化"的管理特色。

此外，董明珠还认为管理者个人的行为会影响企业文化建设，她坚持传统的刚性原则，凡事以身作则，用自己的行为来感染别人。曾经有一名武汉的经销商找到董明珠的哥哥，希望能借此关系找董明珠拿空调来销售，并且承诺董明珠的哥哥，只要他帮忙拿货就可以有佣金。董明珠得知此事后，不仅没有答应他的条件，反而停止向这个经销商供货。面对哥哥的兴师问罪，董明珠说："如果我开了这个口子，我就没办法管我手下的人。"此事发生以后，董明珠就收到了哥哥的绝交信。

行动指南

管理者的一言一行、一举一动，都对员工具有示范和引领作用。如果管理者能够"以身作则"，那么员工就会"不令则从"；反之，员工将"虽令不从"。

09月3日 接班人需要敬业和付出

对于未来的接班人：第一个虽然我不希望他像腰摔断了还要坚持上班这样，但是他一定要有敬业精神；第二个就是有了权力之后，不是你比别人享受的更多，而是为别人付出的更多。在这个位置上，你真的不能讲亲人、朋友、同学，这些东西你都要把它放下。

——《君品谈》董明珠专访，2020年5月

> 背景分析

2012年，董明珠接棒朱江洪成为格力电器的董事长，格力电器开启了"董明珠时代"。在近10年的"掌门"生涯中，董明珠带领格力摘得了很多荣誉，做出了很多影响格力未来发展的决策，包括多元化、员工分房、员工持股等。当然，也遭遇了很多挫折。

董明珠因为强势的作风、执拗的性格、直白的言论，经常被人讨论她究竟适合做"帅"还是做"将"。如今，67岁的董明珠早已超过法定退休年龄，人们对董明珠的讨论转变为：她什么时候退休？格力的下一任接班人是谁？关于格力下一任接班人，董明珠提出了三点要求：第一，要讲真话；第二，要讲诚信；第三，要对企业负责，不能将权力为自己所用——这一点最重要，是原则，也是底线。并且，董明珠认为这个接班人不应该由她来决定，应该是这个人通过日常表现主动争取，只有这样，他才有可能担负起企业发展的责任。

> 行动指南

选择接班人是企业的大事，会直接影响企业未来的发展，很多企业家都难以抉择。在这方面，包括格力在内的企业可以向华为学习，敢于放权、舍得放权，培养出能够带给企业更加光明的未来的接班人。

09月5日 接班人不能是"外来的和尚"

"外来的和尚"肯定没有自己人了解具体情况。我们不是现在才开始培养，而是十几年前就开始了。可以说（培养）范围很大，不但关注高层而且也关注中层。当企业家最重要的是要无私，要付出，要舍得。

——《中国经济周刊》独家采访，2019年3月

> 背景分析

董明珠拒绝从其他企业挖墙脚，自然更不可能从外部引进一个接班人，格力的接班人必定是内部培养的。首先，企业自主培养的干部更了解企业的情况，可以更全面地把握企业的战略方向、发展目标以及经营意图。其次，在自主培养干部的过程中，企业可以不断提升其素质，加强思维转型，保证企业战略的延续性。

在我国制造行业中，格力是为数不多坚持自主培养人才，拒绝挖人，拒绝从海外引进人才的企业之一。在培养人才的过程中，格力逐渐形成了自己的人才培养机制和人才筛选标准，为企业发展储备了丰富的人才资源。在如此丰富的人才资源中，选出一名合格的接班人既简单又困难，这可能是董明珠至今仍没有做出决定的原因。但无论如何，在众多优秀人才的努力下，格力必将向着高质量发展的方向奋力前进，在未来的发展过程中继续领航。

> 行动指南

为了保证企业文化、企业价值观、企业发展战略的延续性，企业的接班人不能是"外来的和尚"。

09月6日 "整人"

有人把我整顿经营部的"三把火"称为：抓内勤、查账和"整人"。最后这两个字也许过分了一点，我认为我所做的只不过是清理了一条早该清除的蛀虫，加强了业务员本该承担的责任。做干部就不能怕得罪人，发现弊端，一定要有决心大刀阔斧地铲除。

——《棋行天下》，2000年4月

背景分析

董明珠接管对格力营销人员的管理后，对业务员进行了一系列大刀阔斧的改革，除对考勤方法的改革外，董明珠对业务员的考核方式也进行相应的改革。原先，格力对业务员的考核只有销售额一个指标，而对营销工作有丰富经验的董明珠意识到，按销售额进行考核已经成为制约格力电器发展的瓶颈，通过这样的方式进行考核，无异于鼓励业务员偷懒。比如，某省前一年的空调销售额为4亿元，即使第二年业务员不做太多努力去开拓市场，销售额基本也能够达到5亿元左右。当时，格力驻广东某市的一个业务员，一年大约有300天待在家里，其余的时间只给经销商打打电话，由于格力的名气已经打响，维持基本的销售额无须花费太大的精力。

董明珠觉得，格力的品牌是格力全体员工共同创造的，离不开努力进行技术研发的工作人员和拼搏流汗的一线工人，业务员按销售额进行提成并不合理。有领导担心，董明珠采取的改革措施过于强硬，会造成一批业务员的离职，董明珠坚持认为，光靠业务员并不能解决问题，如果业务员不具备一定的责任感，离职也不可惜。董明珠的提案犹如在业务员中投掷了一颗重磅炸弹，有的业务员甚至商量联合起来将董明珠赶下台。

行动指南

怕得罪人的管理者不是合格的管理者。

09月9日 真正的人情

我一直觉得，中国的人情很成问题，它不是人之常情，更不是一种博大情怀，而是小恩小惠的代名词，甚至是曲意迎合的代名词。我不欣赏这一套，真正的人情应该是长远地关心一个人的未来和成长，该严格时严格，该批评时批评，在确有需要时给予帮助。

———《棋行天下》，2000年4月

背景分析

董明珠初掌格力经营部时，为了扭转风气，制定了相当严格的纪律，并且要求属下必须遵守。比如：一周开一次会，用半天时间来讲纪律，针对具体人进行评议，有的员工被训得直掉眼泪；对经营部女性员工的服装、发型乃至走路姿态都有要求，要求她们最好剪短发，若是长发则要盘起来，不允许上班期间佩戴首饰。在董明珠看来，穿着打扮并非小事，值得企业下功夫管理。一个部门、一个企业都应该具有一定的精神面貌，如果员工上班的时候对吃零食、聊天等事习以为常，那么客户看到纪律如此松散、精神面貌如此之差的企业，如何放心与其合作？

有一天，董明珠走进办公室的时候，同事们恰巧正分吃一包特产，虽然紧接着下班的铃声就响了，但董明珠仍然要求对每位员工罚款100元。如此严厉甚至有些苛刻的要求，自然令人怨言颇多，但董明珠知道，如果制定了规则后不能严格执行，经营部很快就会恢复到纪律松散的过去。不过，"不近人情"的董明珠有时也会展现出真正"有情"的一面，有一个女员工因为违反规定被罚100元，但董明珠考虑到这个女员工家庭困难，内心非常不安，于是自己补给她100元用来交罚款，并提醒她以后工作切忌马虎。

行动指南

管理，既需要"疾风骤雨"，也需要"和风细雨"。

09月11日　和谐是斗争出来的

我理解的"和谐"跟"和气"是两个概念，我们以前有一部分领导，互相之间从来不会指责对方错在哪里，即使看见了，也是闭着眼过去，这是为了保护自己。那像这样一个状况的话，企业何谈和谐？只有通过斗争，把一些不良的东西取消掉或者摒弃掉，才能真正实现和谐。

——《波士堂》之"铁娘子董明珠的转型之路"，2012 年 9 月

> 背景分析

"和谐是斗争出来的"，这是董明珠的一句广为人知的名言。从成为格力的销售员后，董明珠便开始了自己的斗争历程。比如，在做销售员时，董明珠为自己定下第一条规矩：先款后货，决不赊账，对所有拖欠货款的经销商一律停止发货，直到补足货款，然后先交钱再提货。董明珠的这一规定惹怒了无数经销商，甚至引得领导前来谈话、说情，但董明珠态度非常坚决，她就是要与拖欠货款的经销商斗争到底，决不妥协。在董明珠的坚持下，格力电器的三角债问题彻底解决。

对于公司内部管理，董明珠也毫不手软。无论是刚担任格力电器经营部部长，还是此后担任总经理乃至董事长，董明珠都坚持与不良现象进行斗争。比如，对于领导干部互相包庇的问题，董明珠会毫不留情地揭露，按照既定的规则对其进行处罚，有时甚至到董事长处"告状"。就是这种被认为"不好相与"的管理方式，使得格力逐渐成了一个纪律严明、管理有序的企业。

> 行动指南

"领导的关键是做事的魄力、分析问题和做决策的能力。"作为企业领导，必须敢说话、敢做事、敢于迎接挑战。

09月15日 执行人的选择

滨江、淮地事件发生之后，有一家媒体"幽默"地用了《用人失察董明珠要学相

面》的标题。我对此陷入深深的思考。我认识到，仅有好的制度、好的规则还不够，必须还要有一个好的人来执行。制度再完善，但执行人将其束之高阁，或者选错执行人，都会付出沉重的代价。我认识到，一个人是否是优秀人才，权力在手的时候最能充分体现出来。人的权力地位上升到一个较高的层次，更容易暴露其内在的品质。这个阶段的人最容易犯错误，他最需要的不是信任，而是监督。我认识到，不能仅仅依靠人情关系来管理销售公司，必须有一套完善的规则来制约。我们逐步对各个销售公司的制度进行完善，与各销售公司签订协议，明确格力电器有权对其进行监督。

——《行棋无悔》，2006年12月

背景分析

2001年5月，全国大大小小的媒体纷纷报道格力淮地事件，并为之配上了各种耸人听闻的标题，比如《格力惊爆内讧——淮地格力停业可能蔓延全国》《淮地格力哗变内幕》《格力内讧："董姐"当家会下什么棋？》等。而格力淮地内讧的事实则是：鉴于淮地格力电器销售公司高管梁君在经营过程中做出了损害格力市场发展的行为，为维护用户的利益，保护经销商的权益不受损害，董明珠以淮地格力公司董事长、法人代表的身份，宣布将其免职，并对淮地格力的具体事务进行了一系列处理。实际上，淮地事件对格力而言并非孤例，此前滨江格力销售公司高管吴良一也曾因以下抗上而被处理。

在外界看来，滨江和淮地是董明珠树起的格力公司销售模式的两面旗帜，免去高管，就等于将自己所创造的营销模式全盘否定。但是，董明珠认为，格力组建营销体系的目的是规范市场，而不是成立某个人自己的公司，企业不允许任何人利用区域公司的相对垄断条件谋取私利。区域销售公司的高管必须能够代表格力经销商、代表格力用户、代表格力品牌。滨江和淮地事件也反映出，有一个好的经营模式并不等于成功，任何一家企业如果在运营的过程中选错了管理者，都有可能付出沉重的代价。

行动指南

"千军易得，一将难求"，执行人选对了就等于成功了一半。企业如果有一个优秀的经营者，往往更容易获得成功，如何寻找、使用和保护优秀的经营者，则是一个非常值得重视的问题。

09月16日 管理也是生产力

对于现代企业来说，最棘手的正是经营人才问题。全面驾驭一个较大规模的企业集团，并非个人能力所及，需要有识之士、有用人才的共同努力。管理也是生产力。

——《行棋无悔》，2006 年 12 月

背景分析

1999 年春天，河南格力销售公司成立。股东都是当地经销格力空调的大户，心态各异，结构复杂，因此埋下了隐患。

对河南格力总经理郭书占而言，一边是股东，一边是二、三级经销商，双方持不同立场，使得他左右为难。成立区域销售公司的目的是管理好格力的区域市场，更好地为下级经销商服务，杜绝品牌内部的恶性竞争。因此，董明珠鼓励郭书占首先照顾经销商的利益。但股东与经销商的矛盾越来越尖锐，内外夹击下，郭书占的处境十分艰难。不过，经过半年的艰苦拼搏，在郭书占的带领下，河南格力销售公司不仅挺了过来，而且在 1999 年年末竟然还有不少盈利。

为了稳定销售市场，消除经销商对公司的不信任，郭书占决定按公司章程拿出部分利润奖励二、三级经销商，但此举却使得几位股东大为恼火，他们认为自己的利益受损，于是秘密串联，并召开了"股东会"，以莫须有的罪名罢免了郭书占，逼迫他签字承认错误。了解到事情的真相以后，董明珠当即表明支持郭书占，说："别怕！他们罢免你，我来罢免他们。"

这次股东与总经理之间的矛盾实际是经销商大户与其他经销商之间的利益争夺，也是长远利益和短期利益之争。郭书占凭借自己坚强有力的领导，使得河南格力销售公司逐步实现了战略目标：2002 年淡季回款增长到 4 亿元，创下历史新高；销售额也连

年大幅上升，2002年突破10亿元大关。此后，在河南的经销商中传出一句顺口溜："跟着董明珠，永远不会输；跟着郭书占，永远有钱赚！"

行动指南

一个好的经营者必须准确把握、坚持正确的经营理念，企业才能发展。所以，好的经营者是企业成功的前提。

09月18日 干部没有终身制

在我担任总经理后，人们关心的是：董明珠会不会新官上任三把火，进行大幅调整呢？我公开声称，格力人事不会有太大变化。中层干部本来就是竞争上岗的，今后仍要坚持。作为一家大型企业，肯定会有人上、有人下，但上下不是我个人临时性的、突发性的调整，而是按公司人事干部政策进行的正常调整。我曾在会上强调："干部没有终身制，包括我，也要年年审核，不称职就下。"

——《行棋无悔》，2006年12月

背景分析

董明珠认为，格力的管理虽然总体上是严格而有效的，但是从企业发展方向看还有许多不足。董明珠曾经在设立的总经理信箱中收到了若干意见，其中有一部分是她此前闻所未闻的。比如，有的中层干部以莫须有的罪名长期克扣一线员工的工资。因此，董明珠专门把所有的中层干部拉到广西，开会讨论如何改善企业的管理制度，并对个别不称职的中层干部进行了严肃处理。

虽然意识到中层干部这一群体对管理改革的阻力很大，但董明珠仍然决心做下去，不怕得罪人。董明珠依据自己的经验，发现对企业中层干部的改革不一定非要通过大事进行，一些生活细节也可以帮助她进行改革。比如，一位中层干部向董明珠汇报工作的时候,董明珠突然注意到对方戴着一个很大的金戒指,便委婉地提醒他,作为一家大企业的工作人员,戴这样的装饰不太好。虽然佩戴饰物属于个人的习惯,但董明珠认为,作为格力人,其衣着打扮都体现了企业的形象,需要尽可能注意。从类似的事例中也可以看出,董明珠对干部管理的决心是坚定的,绝不允许存在影响企业的不良行为。

行动指南

任何级别的管理者都不能"躺在功劳簿上吃老本",企业不需要没有奋斗精神的人。

09月27日 职务决定取舍

很多人觉得董明珠你做着市值2000亿元、拥有近9万名员工公司的大老板,你怎么还天天卖一台空调都兴奋得不行,卖一个充电宝都高兴得不得了?如果我是一个普通员工,我的快乐很多,可我的职务会逼迫我放弃很多,但我如果能让更多人感到幸福,我会觉得快乐。

——《面对面》之"董明珠:奋斗与创造",2019年3月

背景分析

任格力经营部副部长期间,董明珠深深体会到普通员工与管理者的一个根本区别在于:普通员工所承担的往往是已经安排好的具体工作,而管理者则需要创造性地开展工作,要在平常的工作中主动发现问题,善于发现问题,并积极找到解决问题的有效途径。

随着格力的发展壮大,虽然工作环境并没有成立初期那般艰难,员工能够获得的工作条件和待遇也不可同日而语,但此时如果大家都希望能够分一杯羹,从企业身上捞些好处,就为企业的发展埋下了危机。根据过往的经验,众多名噪一时的企业在短

短的时间内就可能消失得无影无踪。因此，董明珠觉得，自己作为格力的主要管理者，任何时候身上的担子都不会减轻。

行动指南

在其位，谋其职。管理者必须具有责任感和使命感。

09月28日 "水至清而有鱼"

当时我在当了副总以后，手伸得比较长，不仅要把我管的这些部门管好，有时候我看到其他部门一些不好的现象，或者一些侵犯了企业利益的行为，我都会站出来去指责。甚至有时候作为一个副总，一定要到总经理那里去说，这个事情你必须去处理。很多人有时候会劝我说"水至清则无鱼"，但我不认为这样，我们应该做到"水至清而有鱼"，这样我们国家就有希望。

——《波士堂》之"铁娘子董明珠的转型之路"，2012年9月

背景分析

"水至清则无鱼"，被很多人奉为一种管理哲学，对此，董明珠持反对意见，她认为："只要有阳光，给予足够的养分，杜绝滋生腐败的土壤，就能做到水至清而有鱼。"如何才能杜绝腐败滋生呢？董明珠认为一个行之有效的方法就是让权力显得不那么重要，让掌权者为有能力者服务。

为了让管理层保持清醒的头脑，防止他们以权谋私，董明珠担任董事长之后，对管理层提出12个字的要求，即"公平公正、公开透明、公私分明"。董明珠认为，只要公司的管理人员全部做到这12个字，他们就战无不胜了。提出要求后，董明珠以身作则，坚持公平公正的管理方法，遏制中层干部颠倒是非、打小报告的不良风气，为优秀人才提供强有力的保护。

在整治公司不良风气的过程中,有人跟董明珠说:"不要把这个水搞得太清了,水至清则无鱼。"董明珠不认可他的观点,她认为,如果公司不能做到公平公正,大家都浑水摸鱼,只能是极小部分人得利,这部分有权力却没有为公司做出实际贡献的人分得公司大部分利益,剩下的真正为公司创造财富、创造价值的员工反而无法提高待遇,在这种环境下,人才就会大量流失,企业就会失去发展的根基。相反,如果遏制住企业内的不良风气,也只是得罪极小部分人,却可以赢得大部分人的信任。利弊得失非常明显。

行动指南

有人认为"水至清则无鱼",但这却更容易让人浑水摸鱼,私自侵占企业利益,侵害他人的正当利益,在企业内部形成不良的风气。因此,企业要勇敢地抵制这种错误的管理理念,坚决与企业内的腐败行为做斗争。

09月29日 免掉"穿小鞋"的干部

为什么我们的员工那么爱这个企业?全公司8万名员工可以随时与我通电话。哪怕再微小的事情,我们的干部做不到的事情,他们都可以反馈。过去可能就不行,因为过去他们的直接领导可能会给他们"穿小鞋",而我现在把这个通道打通以后,只要他们讲的是真的,只要他被"穿小鞋",那我一定会把这个干部免掉。

——《莉行观察》吴小莉对话董明珠,2018年3月

背景分析

格力很早就设立了总经理信箱,主要目的是增强普通员工与公司领导之间的沟通,使员工能及时反映在生产、经营、管理过程中存在的问题。领导重视员工意见,反映的问题如果确实无误,一定要与员工沟通并拿出解决方案。只要是有益的建议,一定

要公开吸收。信箱有专人负责，并保证尽快反馈。

类似的信箱在其他一些企业中也有，但往往形同虚设。由于员工投诉一般是针对某一个具体的领导，特别是与他们关系密切的中层领导。如果企业中只有一个信箱，相关领导很容易推测是谁"捣乱"，员工便不一定敢于投诉。于是，董明珠在担任总经理后，在厂区增设了二三十个信箱，方便职工更加隐秘地进行投诉。此举果然取得了一定的效果，员工投诉的问题也确实暴露了企业在工作中的许多缺陷。从反馈的信息来看，中层的问题更加突出，尤其是一些人以公谋私，根据员工是否"听话"来调整员工的待遇。于是，董明珠改革了格力的工资分配制度，更好地保障了普通员工的利益。

董明珠认为，管理要靠干部。因此，格力干部的选举杜绝各种暗箱操作，营造了一种良好的公平竞争氛围。过去，格力电器更多的是采取自下而上的做法，由部门和分厂推举，而董明珠则提倡用一种更加公开的方式，挖掘出更多优秀人才。因此，格力推出了中层干部公开竞聘方案，层层考核、层层把关，选拔出一批思想素质好、业务水平高、组织管理能力强的人才。同时，董明珠深知，不受制约的权力必然导致腐败，因此格力堵塞各种漏洞，建立健全厂务公开制度，设立举证、举报制度，加大违法违纪行为监督力度，有效防止了腐败现象滋生蔓延。

行动指南

领导者了解下情，"适材适所"最重要。日本东芝株式会社社长士光敏夫为了了解下情，遍访东芝设在日本各地的33个工厂和营业所，与员工自由交谈。他白天处理公司事务，晚上走厂串户，深入底层，交谈的也不是什么大事，主要是员工日常工作遇到的琐事。就是这一行为，却使得员工大为感动，鼓舞了员工的士气。

09月30日 企业的传承问题

个人和团队之间的关系是非常密切的：没有领导型的人物，不可能有团队；但如果一个领导人再优秀，团队力量不行，执行力不行，企业依然不行。我觉得如何真正理解两者的关系是非常重要的，所以我当时在说明会上说，即使董明珠明年退休，格力电器依然会很好。

只有靠一代代人奋斗，才能实现企业的无限成长。如何处理企业传承的问题，这要我们去用心思考。

——中新经纬独家对话董明珠，2021年6月

背景分析

除中新经纬这次访谈提到格力的传承之外，格力的接班人问题一直备受外界重视，也是董明珠在接受访谈时被高频提及的问题。在博鳌亚洲论坛2021年年会期间，针对央视财经记者的提问，董明珠曾专门进行过解答。她认为，格力是一家创造性的企业，格力的接班人不是她一个人可以决定的。合格的接班人应该认同格力的企业文化、具有掌控权力的能力和对企业负责的使命感。一直以来，无论是对家人还是员工，董明珠都十分坚持原则，她曾经在节目中公开提到合格的管理者应该"不与亲戚、朋友为伍，只看能力"。至于企业的接班人，挑选的标准则必定更为严苛。

最近几年，国内企业将要迎来新一代"接班人"。对于接班人的选拔和培养，对企业的长远发展具有极为重大的影响。而企业的传承，实际是一个双向的问题。一方面，企业的管理层需要通过下放权力检验接班人的能力和品德，帮接班人扫除障碍、顶住压力；另一方面，接班人人选也需尽可能通过自己的表现获取管理层的信任和支持。

行动指南

确定企业的接班人实际上是一场赌博。在能够安稳过渡之前，谁也不能确定所选择的接班人到底能不能挑起大梁。因此，企业的管理层需要提前思考和准备，基于企业的风格和文化，确定接班人筛选的基本方向。

10月

建制度：
实现无为而治

10月3日 制度最重要

　　每一个人都要对自己的岗位负责。所以当时我搞营销的时候就知道，我要做全公司销售团队里面最好的。1994年年底因为一次突发事件，格力电器发生了集体跳槽事件，业务员都走了，这个队伍就垮了，这时候让我回来当部长。在这个过程中，我们经历了很多，也总结了很多经验，原来认为人很重要，但是后来认为制度更重要。格力电器有今天，也是因为我们建立了一系列的可控的制度，让每个人都能充分发挥各自能力的制度。我们认为纯靠监督不行，纯粹靠自觉更不行，制度最重要。

　　——第五届中国家居业重塑产业链价值体系大会，2019年11月

背景分析

　　梳理格力电器的发展历程，我们不难发现，格力电器的发展史也是其制度的变革史，而经过制度的数次变革后，格力电器拥有了更加成熟的管理模式。

1994年，由于竞争企业挖墙脚，格力主要的销售人员集体出走，董明珠担任经营部部长后，面对格力内部的管理乱象，毅然进行了大刀阔斧的改革，不仅在经营部内部建立了行之有效的管理制度，更创立了独特的营销模式；1996年11月，格力在深圳证券交易所成功上市，并在董明珠等管理者的带领下，在企业现代化治理等层面取得了不容忽视的成就；2002年，珠海市政府对格力集团实施授权经营，对集团内授权经营企业实行分级管理和分层经营，同时为格力制定了多元化发展战略；2019年12月，格力电器发布公告称，珠海市政府和珠海市国资委已批复同意格力集团向珠海明骏投资合伙企业转让格力电器15%股份的交易事项，此次股权转让既是格力集团积极响应中央混改号召、把握时代发展红利而做出的重大决策，也是企业进行管理结构优化的重要契机，格力通过引入具有创新领域领先优势的战略投资者，为自身的管理改革打下了良好基础。

　　"一个没有创新的企业是一个没有灵魂的企业"，这是格力著名的座右铭，但一直以来外界主要关注的是其技术创新、产品创新、服务创新，却忽视了格力那具有鲜明特色的制度创新。实际上，正是对制度的重视，使得格力具有了持续向上的生命力。

行动指南

　　企业要生存、要发展，制度是保障。

10月4日 制度建设的好处

　　我们空调行业原来有四五百家企业，现在剩下的寥寥无几。别人说这些企业为什么垮掉啊？有人会说因为竞争太激烈了。我说错了，因为你没有管理，你没有制度，如果在这个过程当中，一把手的头脑不清楚，更是企业的灾星。所以当时我回来当部长的时候，我干了一件事，建了很多的制度，别人不理解，因为那个时代别人都是随波逐流，只有我逆势而上，但是我讲了，如果我不这样做，格力早垮了。我发现最大的问题，我们公司当时的利润表上显示有1000万元的利润，但是有5000万元的应收款。1995年通过我一年的努力，进行制度建设，我们已经没有应收款，所有的经销商都把钱先打在我们账上，我们有什么理由还要到银行去大量贷款，还要欠上游供应商的货款？一直到1997年，我们才彻彻底底翻身。格力电器现在做到1000多亿元营收，从1997年开始，我们格力电器没有银行一分钱贷款，这就是制度建设的好处。

——2016苏商创新创业发展高峰论坛暨首届苏商金茉莉颁奖典礼，2016年4月

背景分析

任何一个组织的正常运营，都需要有自己的规范、准则等作为保障。对一家企业而言，其日常事务的顺利运行，需要以企业制定的管理制度为依据。由于企业的性质、发展阶段、员工数量等方面存在不同，企业所适用的制度也不尽相同。因此，对企业来说，没有最好的制度，只有最合适的制度。企业进行制度建设，需要经过制度制定、制度实施和制度评估等一系列综合性的过程，而且这个过程在企业的发展中是持续进行的，企业需要根据市场环境以及企业状况等内外因素对这个过程进行动态调整。

健全的制度，是一个企业能够获得健康、可持续发展的必要条件。在企业的运行过程中进行制度建设，不仅有助于企业的日常管理、提高企业的运营效率，而且有助于企业获得强大的竞争力，依靠坚实的内核在竞争中立于不败之地。这与一个国家需要建立系统、完备的法律体系遵循同样的逻辑。我国改革开放的总设计师邓小平同志曾经明确指出，制度建设很重要，一个好的制度可以使人变得勤快，一个不好的制度可以使人变得懒惰。

此外，制度建设还是区别组织是"人治"还是"法治"的重要分界。企业中的所有经营活动需要通过具体的人来执行，如果没有一定的参考准则，就不能规范和约束执行人的行为，会给企业带来巨大的风险。

行动指南

纵观全球著名企业，其能够取得辉煌业绩的背后，往往有一套与其发展相适应的、完备的管理制度。制度建设已经成为企业打造竞争优势的重要举措。

10月5日 打造制度文化

第一年当部长，我在销售额4亿元时接手，那年我们做了28亿元，正好7倍，我印象很深。在这个过程中我并没有跟任何经销商去做交易，我就加快速度建制度，加强政策调控，使整个风气改变，形成了一套自己的文化。

——《君品谈》董明珠专访，2020年5月

背景分析

良好的企业文化不仅能够吸引人才，而且可以为企业的可持续发展注入强劲动力。企业进行制度建设的过程，实质上也是对企业文化进行提炼、凝聚和固化的过程，能够使得企业在激烈的市场竞争中，拥有强大的发展动力和高度协调的应变能力。

在企业的管理过程中，制度建设是"有形"的，但背后蕴含的是"无形"的企业文化。通过制度建设和执行，员工能够加深对企业文化的理解和认同。有效的制度建设，不仅能够激发员工的积极性和潜能，还有助于营造良好的企业氛围。员工是企业工作的主要载体，员工潜能的发挥，实际上在一定程度上决定了企业的竞争力。在企业的发展过程中，随着规模越来越大、成员不断增加、业务日益繁杂，企业的运行效率可能会逐渐下降。如果企业进行了有效的制度建设，那么员工就会共同遵守管理规则和操作流程，维持企业的高效运营。

而从管理者的角度来看，制度建设和运行，能够大大减少管理者的无效工作。管理者的日常工作往往包括两类：其一，根据企业的规章制度就能够顺利解决的日常事务；其二，一些特殊事务。其中，日常事务往往占据了管理者工作量的一半以上，如果企业进行了有效的制度建设，并使其良好运行，那么管理者就拥有更多的时间处理特殊的、与企业长远规划有关的事项，也就能够更好地促进企业发展。

> 行动指南

"有形"的制度建设，会成为"无形"的企业文化的一部分。

10月7日 员工是企业的主人

格力的每一个员工都是企业的主人，原则上都应视企业为家。但是长期以来形成的关于个人与企业之间关系的认识似乎就是，企业是大家的，与个人关系不大。所以有一些手中有些小权的人总是能捞就捞、能占就占；而他们之所以能够如此，也因为格力虽然在形式上已经是股份制了，但并没有建立一整套与股份制相关的管理制度。实际上是其外股份制，其内大锅饭，一些人还是像过去那样处理个人与企业之间的关系。

——《棋行天下》，2000年4月

> 背景分析

在面对要跳槽的同事时，董明珠总是对他们力陈格力的优势和前景，但1994年初掌经营部的董明珠回到格力总部，首先面对的却是如何解决格力已经存在的诸多问题。

面对格力当时的状况，董明珠痛心疾首。格力曾经是珠海较早实行股份制改革的企业，冠雄和海利合并时，每个员工都至少持有1000股，员工本应该是企业的主人，实际上却是其外股份制，其内大锅饭。正是由于诸如此类的原因，当时格力的销售呈现一种乱糟糟的局面。在做业务员期间，董明珠就时常遇到此类问题。比如，经销商打款后却不能按时提货、货发出后却找不到相应的单据等，如此混乱的现象不但严重影响公司的经济效益，也不利于公司的长远健康发展。

1994年的销售旺季，驻江苏的业务员董明珠接到反馈：经销商说汇了1200万元货款到格力，却迟迟提不到货。经过询问，董明珠得知格力内部业务员和内勤达成了一种利益关系，发货不考虑市场而是通过走关系。还有一次，格力内部查账的时候发现，济南一家经销商欠了 100 多万元货款，但由于格力财务部门拿不出单据，货款便无法追回。企业内部管理如此混乱，不能单单责怪业务员，于是董明珠掌管经营部后便着力进行制度建设。

行动指南

制度建设既能够体现企业组织存在的基础，明确企业成员的地位，还能够由此而建立一个目标明确的利益共同体。

10月8日 无为而治

俗话说"无规矩不成方圆"，这句话指的是规章制度对一个国家或一个企业正常运行的重要性。"纲"举即可"目"张，规章制度健全了，剩下的便是循规蹈矩，实现无为而治，用不着领导者的"凶""狠""霸气"。我的"凶""狠""霸气"，并不是想跟某个具体的人过不去，只是为了健全国企管理体制，尽可能地减少漏洞。

——《棋行天下》，2000 年 4 月

背景分析

董明珠接手经营部后，又接手了格力的售后服务部，她对售后服务部的整顿仍然是从管理抓起的。第一件事是检查现场管理，在检查的过程中，董明珠发现维修清单堆得满地都是，而且没有按日期进行归档，混乱不堪，随手捡起一张维修单，记录的内容无法考察维修的真实情况。针对这样的现象，董明珠要求部门进行计算机管理。但是，当时的售后部部长却不接受电脑，坚持所有的售后服务和维修往来采用手工记账。

在董明珠看来，虽然这表面上是关于不同方法的争议，不是原则问题，但实际情况却是，手工记账容易导致账目不清，而计算机管理则更加清楚，不会造成一台机器同时维修两次的失误，能避免企业遭受看不见的损失。经过更进一步的检查，董明珠还发现了售后部更多的漏洞，压缩机作为空调的"心脏"，价格昂贵，但查账中发现一台坏压缩机居然可以在售后部的账面上反复出现。格力的维修点也存在严重的问题，一个小县城的维修费用竟然远远超过一个大城市的维修费用，维修点的设立不是根据售后服务的真正需要，决定权似乎完全掌握在操作者手中。

针对这些乱象，董明珠设立了具有针对性的管理制度。1997年年底，售后部的问题彻底解决，格力的售后计算机系统也很快建立起来，每件事情都严格按照制度运作。1998年，格力被《中国消费者报》评为"全国售后先进单位"，投诉解决率达到100%。

行动指南

跟有漏洞的管理体制过不去，才能从根本上维护企业的利益。

10月10日 扬善惩恶

滨江事件给我最大的教训就是如何用人，以及如何管理人。

应当说，一个企业中的绝大多数人都属于"善"的一类，"善人"越多，企业就越健康。由于"善人"通常会按照公司的要求和规章制度办事，并且有愿望把工作做好，所以对待这些人的基本原则是信任他们，重用他们，给他们提供一个舞台，让他们去表演，对于表演出色的人予以奖励。这就是人们常说的"扬善"。

一个企业如果在扬善惩恶方面做得好，就能树立正气，使企业有一个健康的肌体，不扬善就不会有更多的人"变善"，而不惩恶就会有更多的人"变恶"。

——《行棋无悔》，2006年12月

背景分析

1998年秋天，格力总部接到销售公司员工和二级经销商的投诉，反映滨江格力销售公司高管吴良一利用格力网络销售其他品牌的空调。不仅如此,吴良一还要求格力公司员工每人投入5万元代理其他品牌空调。开始,格力总部对此类投诉并未在意,认为经销商投诉是常有的事,但后来投诉越来越多,当年11月,格力总部再次收到9名滨江经销商的联名投诉,而且被投诉对象均为吴良一,经销商反映他存在克扣返利、定价过高等伤害经销商利益的行为。

此时,格力总部也意识到了问题的严重性。于是,时任格力董事长朱江洪决定亲自"微服私访",暂不惊动滨江销售公司。在20多天中,朱江洪接触了上百位经销商,结果证明经销商之前反映的问题确实存在,情况甚至比估计的还要严重。由于意识到经销商的利益受损,朱江洪指令滨江销售公司给所有经销商返利,并进行补偿。董明珠在与滨江格力销售公司高管吴良一多次交涉后发现,此人冥顽不灵,各种挽救工作均以失败告终。于是,董明珠决定与其他股东商议组建新公司以取代滨江格力销售公司。

2001年3月,滨江新兴格力销售公司成立,原滨江格力销售公司高管马得利负责业务。在马得利的领导下,新兴公司的各项业务很快就理顺了,2001年的销售额超过7亿元,名列格力空调全国市场的第三位。

行动指南

在企业的管理中,时常存在"三令五申""下不为例"后,问题仍未得到解决的情况。由于人们从不尊重"令",即使违反也没有被明确处罚,以致大批的人顶风作案;"下不为例"则给了很多人再次犯错的机会。对于这种情况,需要从重从严处理。

10月12日 用制度消灭腐败

企业中的腐败是一系列行为慢慢交织在一起的结果,其实腐败行为并不仅仅局限于一个高官,而是可能普遍存在于每一个人权力交易的过程中。即使是一个搬运工,他也可以根据谁给他一箱矿泉水来决定先给谁上货。因此,在企业的管理中就需要建制度，比如在搬运的货物单上进行编号，出货就应该按照编号的顺序，如果擅自利用自己的权力调整出货顺序，就要接受处理，如果你是搬运工，搬运工作都没得给你做，只能开除。

——《杨澜访谈录》专访董明珠，2013年11月

背景分析

格力电器在发展过程中所取得的成就不仅是逐渐增加的营业额和令人瞩目的创新技术，还包括体制的改革。企业要实现可持续发展，就需要从制度层面发力。

1994年，发展刚刚有起色的格力遭遇了一个严重的困境——主要业务员集体离职。由于当时国内的空调行业普遍没有掌握核心技术，主要通过价格战进行竞争，因此销售员对企业的业绩具有一定的影响。临危受命的董明珠意识到，在很多人逐利而行的情况下，企业的长远健康发展需要依靠制度建设。但当时的格力内部管理情况却不容乐观。虽然珠海地处发达的沿海，格力也是具有一定规模的国有企业，但格力内部缺乏有效的规章制度和管理标准，员工不仅自由散漫，而且存在较为普遍的腐败问题，正如董明珠在访谈中所言，一个小小的搬运工都可能腐败。

于是，为了树立良好的企业形象，董明珠花大力气进行制度建设，详细制定每个岗位的相关标准，要求员工依据标准规范自己的行为，一旦违反相关的制度，就必定按照规定受到处罚。以上述搬运工的行为为例，一旦企业发现搬运工有不按照约定顺序进行搬运的情况，就会对其进行辞退处理。董明珠认为，细节决定成败，如果在企业的管理中对小事都不重视，必然导致更大的灾难。这时，如果再想把企业引入正确的发展道路，就会更加困难。

行动指南

企业所有的制度都应规范、成体系，所有成员都应遵循统一的制度，并保证行为的一致性和规范性。

10月13日 好干部要敢于讲话

对于"谁掌握约束我的权力的这把钥匙"的问题,我觉得这里面要分两个层面:第一个,作为企业的一把手来说,你一定不能让自己犯错误;第二个,当你做一个决策的时候,前期一定要做很多调查。我觉得作为企业的领导人,应该尽量鼓励你的部下讲话,不讲话的干部我不会列入好干部队伍里面,这是肯定的。

——《杨澜访谈录》专访董明珠,2013年11月

我2001年当总经理的时候,有人问我:"你上任的三把火怎么烧?"我回答:"我没有火烧,我只干一件事,培养接班人。"这个接替是很重要的,一个企业如果希望向百年企业、千年企业、永盛不衰的企业发展,需要多少代人的努力?所以我们需要做两件事:第一个是制度建设;第二个是要培养一批敢讲真话的人,而不是只会说好听话、吹牛拍马的人。我深深体会到第二件事非常难。

——《十年二十人》之董明珠,2018年5月

背景分析

董明珠认为,好干部是敢于讲话的,自己要培养的是一批敢讲真话的人。之所以有这样的观念,是因为董明珠从自己的工作经历中体会到,在企业的管理中,管理者往往未必能够面面俱到,需要其他人敢于讲话、敢讲真话。董明珠自己便是一个敢于讲话的人。

初掌经营部后,董明珠做了很多工作,她也意识到,销售只是公司全部工作的一个环节,公司是个有机体,牵一发而动全身。由于经营部的工作与其他部门有密切联系,整顿经营部必然会使其他部门的问题暴露出来。经过反复思考,董明珠决定要财权。虽然她知道部属的最大忌讳就是伸手要权,但她要权并非为了自己的利益,而是为了整个公司营销的良性循环。于是,董明珠正式提出与经销商的往来最好交给经营部管。财务副总知道后,说:"你把财务拿去,就没有监督了。"董明珠对此回应:"大家

都可以监督，随时监督。"在总经理办公会上，有的领导说："董明珠伸手要权，不能给她！""董明珠是不是手伸得太长了！""这不都归她管了吗？如果犯了错误怎么办？"董明珠和有关的同事商量后，建立了一套循环监督机制。到1995年5月以后，格力的财务再也没有出现混乱，也不再有应收款收不上来的情况。

董明珠作为领导者，不仅自己如此，也会真诚对待敢于讲话的员工。曾经有一个年轻的员工向格力高层投诉董明珠，虽然事后调查证明是这位员工所在的部门衔接出了问题，但董明珠不仅并未对其指责，反而大加赞赏，认为他敢于讲话、敢于揭露企业中的不良现象，可以成为负责任的管理者。

行动指南

敢于讲话的本质，在于敢于揭露问题。敢于讲话的管理者，才是具有责任感的管理者。

10月18日 做"打手"

我这么多年从当部长开始到一个老总，我都是一个"打手"。我对公司做出的贡献，就是建议公司成立了筛选分厂；回来当部长，收到红包的时候，我去送红包，公司说没有先例，我就建议成立经济监察办公室；还有一个最大的问题是原有采购系统有的行为让我觉得不可思议，所以就成立了成本办，专门去查采购系统的价格。但是我们管成本办的还曾经说，"我们今天做贡献了，我们降低了30%的成本"。降30%是什么概念？证明我们漏洞太多了！20世纪90年代流行唱卡拉OK，特别是原来我们一个总裁办的主任，经常巧立名目，全是自己人在这唱啊跳啊，一晚上也有几百块钱。有一次给我们碰上了，他就说，"因为今天想接待日本人，结果日本人喝醉回去了"。我说，"日本人喝醉回去了，你可以取消啊，结果是你自己消费了"。那时候我已经是副总了，我就建议公司成立一个接待登记处，明天来客人，你今天就知道了，你应该到相关的部门去进行登记。

——《君品谈》董明珠专访，2020年5月

背景分析

2019年6月，国家发布《绿色高效制冷行动方案》。作为国内空调行业的领军企业，格力随即在企业内部展开了自查自纠。在格力的绿色行动学习会上，董明珠说："高质量发展是制造业的生命和使命，因此我们须针对自己的现状，设立更高的标准，提出更高的要求。格力从今天开始起，立即以七部委的文件为指引，展开挑刺行动。只有跟自己过不去，你才能够满足别人的要求。"

董明珠对企业的"挑刺"，首先表现在对产品质量的控制上。一直以来，基于对消费者和社会的责任感，董明珠不仅十分重视产品质量的提升，而且主张节约资源、保护环境，尽可能减少不必要的成本浪费。为了打造质量完美的产品，董明珠一直坚持"刀刃向内"，以"鸡蛋里挑骨头"的精神管理企业。1995年，格力成立了国内第一家筛选分厂，对产品进行严格化、精益化的筛选；而后，在"让世界爱上中国造"使命的推动下，董明珠逐步创立了格力"完美质量"管理模式，并荣获2018年"中国质量奖"，这也是国内关于质量管理的最高奖励。2019年8月，中国质量协会授予董明珠"全面质量管理推进40周年卓越企业家"和"中国杰出质量人"双重荣誉，以表彰她在质量管理方面的杰出成就和示范作用。

董明珠对企业的"挑刺"，还表现在对企业的严苛管理上。自董明珠掌管经营部后，经营部招待费大减。曾经有一名干部的子女过生日，该干部招待亲友去卡拉OK，然后拿去给上级领导签字报销。董明珠知道后十分生气，认为这样下去公司的利益必然会受损。于是，她当即下令追回报销，并规定此后经营部所有的招待费必须经过她签字才能够报销。

行动指南

善于发现问题的"打手"式管理，有助于推动企业走入健康发展的轨道。

10月20日 一定要"揭疤"

我为什么喜欢"揭疤"？是因为我在回去当部长以后，发现了一个重大的问题：每个部门有错误的时候，外面人都不知道，那就导致员工有一个习惯，就是把自己丑的东西掩盖起来，光告诉人家好的。这个丑的地方总捂在里面，就像一个伤口一样，你老不治疗它、总是盖住它，它可能越来越严重，甚至化脓。所以，我就主张一定要"揭疤"，所以我第一个开始实施，我这个部门有一个员工犯了错，我就一定要在全公司公告，让全公司都知道。

——《波士堂》之"铁娘子董明珠的转型之路"，2012年9月

背景分析

董明珠有一句名言："别人喜欢遮丑，我从来都是揭疤。"之所以要"揭疤"，董明珠有自己的考虑，她认为，坏掉的地方如果捂起来，只会溃烂得越来越严重，最后就更难复原。

董明珠有一个习惯，给员工开会的时候一般只讲缺点，不讲优点。她认为，一个人所取得的成就是过去的事情，应该着眼于未来。对于格力内部的干部，董明珠总是毫不留情地指出他们的问题。董明珠说，原先中层干部之间都喜欢"遮丑"，谁也不指出其他人的问题。但董明珠觉得这样的所谓"人情"实际上对个人的成长和企业的发展都十分不利，真正对一个人好，应该让他直面自己存在的问题。

企业管理的依据是制度，"揭疤"行为实际上是企业制度建设极为重要的一部分。如果员工不能遵循企业的制度、不认可企业的文化，造成问题频生，管理者需要做的便是及时拨乱反正。如果等到"化脓"再处理，企业必然需要付出更为沉重的代价。

> 行动指南

"揭疤"需要直面"伤疤"的勇气和"刮骨疗毒"的决心。

10月24日 管理驱动创新

我们强调创新转型，可能我们更多人联想的是技术。但是用什么来支撑技术？有人说人才，因为你没有人才，就不可能有技术，所有的事情最终都落在一个"人"的上面。那么，人才又从哪里来？我认为格力电器的创新，可以从四个地方来讲：第一个是技术，第二个是制度，第三个是人才，第四个是营销。实际上，所有的创新最后归结到一个点上来是什么？管理。只有优秀的管理才可以谈真正的创新。

——中智信达系列培训课程之《董明珠说管理》，2013年8月

> 背景分析

伦敦商学院战略及国际管理教授加里·哈默尔曾经提出，提升战略适应能力和运营效率，是21世纪现代组织策略的核心内容。因此，管理者必须打破传统管理模式的桎梏，建立一套新兴的管理体系，使纪律和自由得到充分尊重和互相包容。组织需要调动员工的积极性，让其发挥最佳工作潜能，而非一味地施加官僚式的强迫性命令；需要适当控制组织成本，而不是抑制员工的个性和自由。董明珠所说的"只有优秀的管理才可以谈真正的创新"，正是此意。

为了尽可能地调动员工的积极性、让其发挥工作潜能，格力在管理方面建立了一整套"选、育、用、留"的人才培养体系和多通道的激励体系，不惜重金为员工打造创新环境和成长平台。经过长期沉淀积累，目前格力累计申请国内专利83545项，其中发明专利42603项；累计授权专利47745项，其中发明专利11512项；申请国际专利3987项，其中PCT申请2134项。在2020年国家知识产权局排行榜中，格力电器排名全国第六，家电行业第一。现拥有33项"国际领先"技术，获得国家科技进步奖2项、国

家技术发明奖 2 项、中国专利奖金奖 4 项。

> 行动指南

优秀的管理，能够激发员工的潜能，带来真正的创新。

10月26日 企业做好的秘诀是严格要求

在公司的队伍建设过程中，我做了很多很普通的工作。实际上，一个企业做好没有多么神秘，就是严格要求。

——《十年二十人》之董明珠，2018 年 5 月

> 背景分析

董明珠曾经向制造业的同行分享自己的经验：管理和制度是一切的根本。她认为，企业应该在做好制度建设的基础上，进行严格要求，员工能够坚持就会成为习惯，最终构成企业文化。

董明珠举了一个例子。有一次，一名员工在上班的时间私自外出送父母，但是却撒谎说陪客户。董明珠问他为什么撒谎，员工回答因为紧张。在董明珠看来，送父母属人之常情，但撒谎的行为却不能原谅。一件小事都要撒谎，就有可能在其他更大的事情上撒谎。撒谎习惯养成以后，会给企业带来难以预计的损失，所以董明珠就辞退了这个员工，因为公司的管理制度不允许犯这样的错误。

董明珠的管理模式随着职位变化而变化。1994 年，担任格力经营部部长后，她着手的第一件事就是改进对业务员的管理；2001 年，成为总经理后，她做的第一件事就是抓干部队伍的管理。董明珠觉得自己就是通过制度建设发展企业，员工、技术研发等领导工作的各个方面，其实质都是制度建设。对一家企业而言，技术可以去学习、去创造，但对管理模式的打造难度更大。

行动指南

真正能奠定企业发展基础的是管理和制度。

10月30日 制度建设永远在路上

你要不断地去挑战，不断地建立好的制度，与一些不良的行为进行较量，所以每一个人每天都在斗争当中，这样他才能成长起来。有人说打架、讽刺、诋毁别人叫"斗"，我不认为是这样，这不叫斗争，这叫背离。而斗争是阳光的，人在斗争中才能成长起来。看到不良的行为我们都不敢去改变，你是不斗了，但社会的风景会越来越差。我们要用阳光的心态去看待这个问题。

我们作为一个小角色，一个基层，也要把人民的利益放到心中。你是珠海人，要为珠海市争光，这就是人民的利益，不能干违纪违法的事情。你既然要坚守人民的利益，比如在企业发展过程当中有新的问题，你斗不斗？

可能一个老干部或者是老员工，干了10年20年，但当他跟不上时代的步伐，自然要被淘汰。所以，在有些事情上确实要放得下面子，坚持追求梦想，这些都是你自己必须坚守的。

如果大家都觉得很难，都不去改变会怎么样？我想象不出来那会是什么样的结果。对于我们自己的企业来讲，我的纪律整顿是永不停步的，教育永远在路上，制度的建设完善永远在路上。

——中新经纬独家对话董明珠，2021年6月

背景分析

企业长远战略目标的实现，往往需要一个漫长的过程，在这个过程中，企业的管理水平和运营状况也会发生变化。如果企业能够进行良好的制度建设，那么随着企业的发展，其管理水平和运营状况也会不断优化，战略目标实现的进程就会加快；而如果

企业未能进行良好的制度建设，那么在发展的过程中，其管理水平和运营状况则有可能随之恶化，战略目标实现的进程就会更加缓慢。

良好的制度建设不仅有助于企业建立成功的管理模式、取得丰富的运营经验，而且可以使这些模式和经验固化，成为企业强大的内驱力，确保企业的日常运营能够依据既定的轨道行驶，提高效率，避免风险。

企业进行制度建设和完善，既有助于规范员工的行为，也能够保护企业自身的权益。比如，一个懂得关爱员工的企业所制定的与员工相关的保险制度、福利制度、加班补偿制度等，都能够尽可能维护员工利益，而这种利益的维护反过来也提升了员工的工作积极性，有助于其释放个人的潜能，为企业长远战略目标的实现贡献自己的力量。

行动指南

制度是"死"的，因为制度是严谨的、规范的；制度又是"活"的，因为没有一成不变的制度。企业的制度建设是一个与时俱进、不断创新的过程，没有终点。

11月

渠道力打造:
"正和博弈"

11月3日 与经销商保持真诚友谊

经销商在产品推销过程中的重要性再明显不过了。市场网络是格力电器的无价之宝,经销商就是这个网络的支柱。面对这样的市场,格力要找准自己的位置,我认为最基本的有两点:第一是我们的产品质量要好,质量是生命,必须充分认识到先有品质后有品牌,才是真正的、永久的品牌。广告创造的名牌,也就是昙花一现、哗众取宠的品牌;第二是我们与经销商之间的良好合作,不是抛弃利用而是坚持用谋求共同发展的思路来处理我们和经销商的关系,我们要求经销商必须和格力保持思想一致,做到产品质量、服务质量同步提高,善待消费者。我敢说,全国没有一个空调生产厂家的老总,像我一样和经销商保持着真诚的友谊。

——《行棋无悔》,2006年12月

背景分析

在董明珠看来,说"经销商为上帝"并不为过。格力电器与大部分经销商达成了信任、依存的关系。格力与经销商之间既受到严格的规则把控，又有友谊。格力能够替经销商着想，把他们的困难当作自己的困难。在合作中，董明珠认为最为重要的一点在于，格力能够提供合格的、理想的、真正可以让经销商赚钱的优质空调。

董明珠到全国各地都能体会到经销商的真诚和热情。董明珠觉得，这并非是因为她是格力的管理者，而是因为她所代表的是格力品牌，经销商列队欢迎的是格力品牌。而这都是基于格力近乎完美的质量和良好的信誉。

董明珠认为，一个企业除了要有好的产品外，还应该有优质的服务。企业要深入细致地研究市场，增进与经销商的交流，加强终端网络管理。同时，与经销商结为一体，绝不意味着放弃生产厂家的要求。厂家与商家并不只是买卖关系，经销商销售格力空调，就等于是格力人，享有应得的权力，也需要接受相应的束缚。

行动指南

格力与经销商的感情是建立在共同利益基础上的，要保证合作关系牢不可破，就必须让他们深切感受到格力的实力。

11月5日 正和博弈

一着不慎，全盘皆输。我与经销商之间的博弈，不可谓不惊心动魄。不过，我们都在寻找共同的游戏规则，期待正和博弈——不是你吃掉我，也不是我吃掉你。这是一盘永远也下不完的棋。

所谓"博弈"，通俗地说就是"下棋"。你走一步，我也走一步；你想吃掉我，我也想吃掉你。不过与作为纯粹游戏的下棋有所不同的是，经济活动中的博弈并不是谁吃谁的问题，而是努力通过相互合作而取得共同利益的增长。

博弈论把双方通过相互合作而取得共同利益的增进，称为"正和博弈"。人们对利益（包括共同利益）的追求是无止境的，新的利益冲突总是要取代旧的利益均衡而建立新的利益均衡。在此意义上，正和博弈并不是指我们通常看到的需要推倒重来的和棋。只要经济活动还在继续，我们的棋便不会收盘！

——《棋行天下》，2000年4月

背景分析

有一部电影叫《一盘没有下完的棋》。董明珠认为，格力与经销商之间，就像在下棋。

在经济活动中，每个参与者都有自己的利益诉求，都想谋求自身利益的最大化。问题是资源有限，市场的份额也有限，你多得一点，我就会少得一点，这就构成了利益冲突。即使双方一荣俱荣，也仍存在在合作过程中如何公平分配利益的问题，因此就需要在符合游戏规则的前提下斗智斗勇。格力与别的企业有一个很大的不同：格力经营部的人很少。那么，产品是怎么销售出去的呢？靠的就是在各地的经销商。经销商并不是格力的人，其店铺也不是格力投入运营的，因此格力与经销商之间的关系完全是靠利益驱动的。对经销商而言，往往销售哪个品牌获利更大就销售哪个品牌，因此董明珠意识到自己所需要做的，就是使经销商获得实际的、稳定的利益。

董明珠管理销售的一个重点就是团结经销商队伍，使其为格力所用。由于人手有限，董明珠并不使用人海战术，而是通过有效的策略，利用当地的资源和网络的优势发展市场。在董明珠的管理下，格力在营销方面的成绩也有目共睹，从1994年的8亿元到1999年突破60亿元，销售额连年翻番。

此外，格力的营销模式中，商家作为厂家的延伸，二者之间达成了利益联盟。董明珠创造了国内独一无二的营销方法，甚至有人说格力催生了"20世纪新的营销模式"。

行动指南

厂、商双方之间真正是一种典型的博弈关系。

11月7日 求大利存小异

市场营销是一门讲究科学的学问，归根到底，对厂家来讲，经销商和最终的消费者都属于客户范畴，但是他们的要求有区别。最终的消费者要求买回家的空调物美价廉，长期运行可靠；经销商的基本要求则是有利润，不能设想他们无利可图时还会去推销你的产品。经销商在经营过程中通常都会提出一些要求，比如奖金、产品和品种搭配、售后服务等。有一些要求是必须满足的，如提供畅销产品。有些要求要认真考虑：对于偶然的赊货——格力营销一直强调先付款后提货，但在市场火爆、经销商资金一时周转不过来时，就要仔细权衡了；对于滞销的产品，经销商有可能提出降价要求，这与打价格战又有不同。总之，我相信共存共荣、让厂家商家均有利可图的意愿，求大利存小异，是解决这些问题的基本原则。

——《棋行天下》，2000年4月

背景分析

1998年，空调行业厂、商之间的矛盾十分突出，矛盾的焦点是利益的分配问题。当时，随着国内空调行业的发展，供大于求的矛盾日益尖锐，市场竞争愈演愈烈，加之空调产品本身具有销售季节性强、需要后续安装等特点，故而格力的销售离不开专业的经销商。

由于从业务员起家，董明珠对空调的营销工作有自己的理解，她一直认为：厂家与商家的合作应该建立在平等的基础上，因为二者的利益是一致的，都是通过空调的销售达到自己的利益。而在与经销商打交道的过程中，董明珠往往采用"先小人，后君子"的方式，首先确立合作的原则，而在合作的过程中，则以经销商为中心；对于原则问题寸步不让，但在具体细节的处理过程中不能缺少人情味。

> 行动指南

既不"客大欺厂",也不"厂大欺客",厂家与商家之间以创造市场效益为一致目标,达成平等的合作关系,这也可以说是厂家与商家博弈的基本规则。

11月9日 最大的营销秘诀

有些同行认为格力在营销方面有什么秘而不宣的高招和技巧,其实我们最大的秘诀就是不玩花样,对所有经销商一视同仁,不因关系疏近而给不同的政策,从而赢得了经销商们的高度信任。

——《棋行天下》,2000年4月

> 背景分析

与经销商打交道,董明珠制定了四条原则。第一,不能建立在私人买卖关系的基础上。经销商的任务就是把格力空调卖出去,尽可能地提高销售额,而不用给个人送礼。第二,要驾驭市场。厂家应该不断给经销商提供建设性意见,引导他们以正确的思路推广品牌,即使出现挫折,厂家也应该维护经销商的利益,与经销商共同克服危机。第三,树立正确的经营思想。厂家应该引导经销商摒弃时时处处想讲条件的坏习惯,纠正其不良的营销手段,帮助其树立正确的营销理念。第四,最重要的是不能掺进去私利。如果厂家的个体行为不检点,利用手中权力为个人谋取利益,经销商难免会产生抵触情绪,那么他们在受到外部竞争压力时,就可能会抛弃格力。

经销商刚开始与董明珠合作时,往往基于以前的行为方式,想要讨好格力这位"财神",以拖欠货款或者占得一些便宜。对此,董明珠并不买账,往往直接拒绝,让财务人员退回财物。事后,合作中仍然按照既定的销售政策执行。因此,经销商对董明珠以及格力品牌建立了充分的信任,将她制定的每一条销售政策都彻底执行。

> **行动指南**

成功的合作关系不需要秘而不宣的技巧，真诚是唯一的原则。

11月10日 保住上百万人的饭碗

我们线下有3万多家店，这3万多家店就意味着后面有上百万人的饭碗。如果说我们直接走线上，把线下抛弃掉，就等于给社会造成了上百万的失业人口，这是绝对不能选择的。我通过这样的直播，能让我们3万多家专卖店将直播融入日常销售中，但直播不仅仅是带货，它也提供了一个交流的平台、服务的平台，你要让它更多元化，特别是我们已经有这个实力。

——2020年两会专访，2020年3月

> **背景分析**

曾经，基于完善的销售渠道，格力取得了令人瞩目的业绩。但互联网的发展以及用户消费习惯的变化，也使得董明珠不得不关注线上渠道。为了在发展线上渠道的同时，尽可能维护经销商的利益，董明珠选择进行直播，通过直播将格力的线上与线下渠道进行深度融合。

从第一次直播"翻车"到"618"直播销售额破百亿元，2020年董明珠13场直播总计创下超过400亿元的销售额。2020年4月24日，董明珠在抖音平台进行了直播首秀，但由于技术等方面的原因，这场直播的效果并不理想，直播过程中频繁出现网络卡顿等问题，销售额也并不令人满意；2020年5月10日，董明珠在快手平台进行了第二次直播，取得了3.1亿元的销售额；2020年天猫"618"当晚，董明珠直播销售额超过百亿元。与其他企业依靠专业"网红"进行直播的模式不同，格力电器每场直播均由董明珠挑大梁。作为格力长期以来的代言人，董明珠对格力的产品如数家珍，在直播中她也屡次强调，自己有信心为格力产品背书。

通过一系列的直播，格力的线上线下渠道联动更加频繁，属于格力的"新零售"布局正逐步建立。在 2020 年天猫"双 12"的直播中，格力电器位于广东 10 个城市的 30 家线下门店同步直播，董明珠在直播间展示的商品，线下门店的消费者也可以同步体验。

董明珠认为厂家与经销商的利益是一致的，格力的线下门店背后是上百万员工的生计。她之所以亲自进行直播，就是为了让格力专卖店真正融入互联网时代，将格力的线上和线下渠道结合起来，使消费者能够获得更优质的体验。

行动指南

企业成长的过程也是寻求更多合作伙伴的过程。

11月13日 构建用户直达网络

在 20 年前或者 15 年前，我们和国美、苏宁合作，但并不是跟它们合作我们的渠道就关门了，也不是不跟它们合作，只能用自己的渠道。其实这两种方式互相之间都有不同的服务对象，所以我们现在准备让每一个专卖店都有自己的网。这个网的含义，就是当一个人成为你的用户以后，他有任何需求都可以通过这个网一键实现。

——《莉行观察》吴小莉对话董明珠，2018 年 3 月

背景分析

董明珠接手格力后，营销渠道是她花大力气整顿的重点。此前，国美、苏宁崛起之时，格力拒绝与它们合作，主要是为了掌握话语权，维持良好的经济秩序。现在，线上渠道对格力而言，依然有利有弊。但出于时代发展的需要，董明珠认为格力需要借助于线上与线下的双重渠道，构建用户直达网络。

目前，格力用户直达网络的构建仍然处于不断探索和完善的过程中。比如，董明

珠主导的格力电器的直播，就与专卖店网络的建设存在密切联系。以洛阳站直播活动为例，活动大力宣传格力董明珠洛阳66号店：直播活动现场周边上印的是格力董明珠洛阳66号店的二维码，提供的饮用水标签上印的也是该店的二维码，直播中不时出现的还是该店的二维码。搜索"格力董明珠店"与"格力董明珠洛阳66号店"，虽然页面相似度很高，但前者的左上角处显示的是"董明珠为您推荐"，后者显示的是"洛阳66号店"。页面的细微差别，被用于分辨流量来源。如果是由专卖店引来的消费者在格力董明珠店消费，消费金额就直接算为该专卖店的销售额。

董明珠曾公开表示，格力电器做直播，主要目的是给全国3万多家专卖店探路，而以专卖店为中心的用户直达网络的构建仍然需要进一步的探索。

行动指南

营销的基础，是缩短商品与用户直接的距离、为用户创造更多便利。

11月15日 基于大众利益做决定

有时候你所做的一些决定在别人看来风险很大，但我不觉得。因为你心里很透彻地明白一个道理——为大众利益去做的决定，就一定能成。我如果把国美的这部分不做了，我损失了，但是我保护了经销商的利益，我觉得我就是成功了。那一年和国美分手，格力一年的销售额增长了30多亿元，首次突破了100亿元，达到了138亿元，所以我很自豪。

——《十年二十人》之董明珠，2018年5月

背景分析

2004年爆发了格力与国美之争。

成立于1987年的国美电器，是一家全国性家电零售连锁企业。国美与格力的合

作，必然是强强联合。不过，这样的合作本应带来共赢的局面，实际上却波折频出。国美与格力在铺货和回款的方式上也难以达成一致。董明珠掌管格力经营部以来，格力便坚持"先付款，后发货"，但国美的一贯办法是"厂家免费铺货，7天后再结算"，双方因此埋下了关系破裂的种子。

2003年，深圳国美公司推出了一个让人大跌眼镜的促销活动——"买威力，送格力"。商场进行正常的促销活动本无可厚非，常规的方式往往是消费者购买一线商品，赠送二、三线商品，但国美此次的活动却反其道而行。

2004年，空调销售旺季即将来临之时，成都的6家国美店在并未经过格力方面同意的情况下，便对其经销的格力空调进行大幅降价，将1匹的格力挂机从1680元降为1000元，原本零售价为3650元的2匹柜机降为2650元。在降价后，成都国美店还在媒体上大发广告。当时正在北京开人大会的董明珠得到消息后感到非常惊讶，她认为，国美的擅自降价破坏了格力空调在整个成都地区市场的稳定，让格力一直坚持的统一的价格体系名存实亡，属于极其不负责任的行为。为了维护格力空调的形象，董明珠派人与成都国美店的负责人交涉。虽然国美停止了针对格力空调的降价促销活动，并对格力道歉，但最后国美公司又做出了一件让人惊诧的事——将全国国美店的格力空调下架。当时国内空调行业处于买方市场，作为电器销售龙头的国美实力雄厚，国美此番打压格力的行为本意是希望格力妥协，但董明珠出于维护经销商与消费者利益的考虑，毅然做出了一个非常冒险的决定：停止向国美供货。

董明珠此举看似十分大胆，实际上并不是逞一时之勇。一直以来，国美与厂家的合作并不平等。比如，国美有一个规定：国美每新开一家分店，所有和国美有协议的厂商都必须入驻，进场费少则几万元、多则几十万元，一旦厂家拒绝，国美就将该厂家在国内所有国美店的商品全部下架。而且，在店庆、节假日等促销活动期间，国美会以低于市场价的方式进行销售，而亏损由厂家承担。格力敢于对抗国美的不合理制度，让很多中小厂家拍手称快。

在与国美"交恶"后，为了增强企业的话语权和核心竞争力，董明珠对格力的分销网络进行了改革。以北京为例，当时格力共设有27家专卖店，董明珠让工作人员进行了一次全面考察，在对客流、位置和销货量等因素进行对比的基础上，决定对13家专卖店进行装修，并对专卖店的导购、安装和管理人员进行了系统培训。2004年，格力空调在北京地区共售出22万台，通过专卖店渠道售出的空调多达15万台。

当时，虽然国美、苏宁等家电巨头呈现垄断之势，但董明珠基于大众利益做决定，看似冒险，实则获得了更大的成功。

行动指南

基于大众利益做决定，就不是冒险，而是寻求更广阔的发展道路。

11月18日 把线上线下结合起来

很多人好像只知道我们有空调，其实格力已经不单是空调厂商了，整个生活电器——家庭所需要的电器产品，我们全都布局了。而且产品都走在前面，比如油烟机，我们承诺6年不用清洗，这是很不容易的。我们3万多家专卖店，通过这种线上传播，能让更多人看到。现在我能明显看到我们的生活电器在增长，因为很多人通过直播知道了，原来格力不单是一个空调厂商。有人说我直播带货越战越勇，从几十万元到3亿元、7亿元，但我看的不单是数字，我看的是背后——通过直播不断地带动几万家专卖店认识到，怎样把线上与线下结合得更完美。所以我现在确定了一个"格力新零售"的概念，就是把线上线下结合起来。

——十三届全国人大三次会议期间董明珠采访，2020年5月

背景分析

由于疫情等方面的原因，格力2020年第一季度的销售额同比下降了300多亿元。与其他家用电器不同，空调在用户购买完成后，并不能直接进行使用，还需要厂家上门安装。疫情的发展自然冲击了以线下为主要渠道的格力。面对近9万名员工每个月10亿元左右的工资支出以及上百个经销商线下销售受阻的压力，董明珠开始尝试直播。

2020年的直播中，董明珠带来了超过400亿元的销售额，虽然被质疑其中有经销

商捧场的原因，董明珠并未直接否认，而是表示即使经销商捧场也是出于穷则思变的考虑。对经销商而言，虽然把线下交易搬到线上面临着一定的挑战，但这样的选择是大势所趋。不仅如此，董明珠还表示，格力电器正致力于将自己打造成为一家多元化、科技型的全球工业集团，其业务也不仅仅局限于空调，而是包括空调、生活家电、高端装备、通信设备四大版块，直播也就成了格力展示其多元化转型成绩的窗口。

行动指南

"线上"与"线下"是企业营销渠道的两条腿。两条腿走路，才能走得更快、更稳。

11月21日 协同发展，共存共荣

对我的上游或者下游，我坚持两个原则。第一，上游必须要赚钱。我们很多企业在竞争的过程、在博弈的过程中希望把对方搞死，但是我觉得一定要协同发展、共存共荣，你才能做得更大。所以大企业，同样要有一个责任，就是让你的上游合作商盈利。第二，让你的下游、你的渠道商赚钱。如果一个企业不赚钱，它凭什么去服务我们？就像我们自己、我们每一个劳动者，当在这个企业工作的时候，如果它不给我们发工资，我们还会在那干吗？这是一个最简单的道理，但我们很多人在企业发展的过程中往往把这个道理忘掉了，没有顾及别人的感受，而只想到自己。所以，在过去我们遇到过很多关键的时候，我们采取了不同的措施而让格力电器能够发展得更好。

——《思客讲堂》董明珠演讲，2017年6月

背景分析

有人曾总结格力的经销商忠诚度高的三个原因：其一，格力空调的品质好、知名度高、美誉度高，不愁客源；其二，销售格力空调能够赚钱，可以带来理想的收益；第三，格力重视经销商的利益，不管推出补贴政策还是与国美决裂，都是为了维护经销

商的利益。

而格力的发展也与经销商无法割裂。董明珠成为格力业务员之后，意识到三角债对于企业发展的影响，推出了"先付款，后发货"的制度，依赖于这一制度的实施，格力从1997年以后几乎没再向银行借过钱；在20世纪90年代的空调价格大战中，由于坚持不降价，董明珠意识到格力经销商的利益受损，便推出"年底补贴"政策，对经销商进行补贴；国美、苏宁崛起时期，由于国美私自降价，董明珠为了维护市场秩序，保护经销商的利益，与国美正面对抗，停止跟国美之间的合作；苏宁曾与董明珠谈判，希望格力可以绕过经销商为其供货，也被她断然拒绝。董明珠曾说："全国没有一个空调生产厂家的老总，像我一样和经销商保持着真诚的友谊。"正是因为能够协同发展、共存共荣，格力与经销商才能够互相成就。

行动指南

只有让合作伙伴赚钱，才能实现协同发展。

11月23日 把握互联网带来的机遇

在这个互联网的时代，别人说我们是传统产业，但我们用效率和效益改变了这个时代，我们坚守了实体制造，并且依然得到了很好的回报。

我们过去的一年业绩没有下滑，还增长了10%，而且利润达到了150亿元，所以我觉得在这个过程当中更要看到的是互联网给我们这个时代带来的机遇，而不是传统产业和互联网的对抗。互联网似乎不属于我们，但我们恰恰找到了互联网最适合我们实体经济发展的一面。互联网这个工具，让我们腾飞，让我们员工得到了很好的成长，同时也得到了和企业一起成长带来的很好的回报。

——"2016十大经济年度人物"颁奖典礼，2017年1月

背景分析

"2016 十大经济年度人物"评选以"致敬时代驱动力"为主题,从"创新性、颠覆性、前瞻性、成长性、持续性"五大维度出发,寻找转型大时代下引领商业之美、产业创变、时代浪潮的领袖型企业家。格力电器股份有限公司董事长兼总裁董明珠是当晚首位获奖嘉宾。

2016 年,中国的实体经济经历了艰难的转型。在发表获奖感言时,董明珠表示,格力将一如既往地坚守实体制造,并通过互联网工具提升制造业效率。董明珠认为,互联网虽然会对实体经济造成一定的冲击,但如果能够把握互联网给我们这个时代带来的机遇,其也可以作为工具带动实体经济的腾飞。比如,人工智能等新一代技术的赋能,能够加速科学研究进程与科技成果转化,缩短产品研制及生产周期等。此外,互联网对制造企业供应链的打造也具有积极的推动作用。

过去,格力的核心竞争力除了可靠的产品质量以外,强大的营销渠道也不容忽视。互联网快速发展以后,有的品牌商及时抓住线上渠道,快速抢占了市场份额。比如,格力的竞争对手奥克斯随着转型升级战略的推进以及对线上渠道的大力布局,内销规模大幅增长。2016 年以前,奥克斯全国连锁和代理商的销售额占国内销售总额的一半以上;而 2016 年,奥克斯开始布局 O2O 战略,其线上渠道的销售额占比获得了快速提升。格力在此之前主要采取以线下渠道为主的销售模式,迫切需要抓住互联网这一强大的工具,协调线下和线上,在保持自身优势的同时,适应市场的需要。

行动指南

对实体企业而言,互联网带来的不仅有冲击,更有难得的机遇。及时把握机遇,能够让企业展翅腾飞。

11月24日 从经销商到服务商的转变

格力电器在这个过程中不断创新，不仅仅是技术创新，内部管理也在不断创新，但更重要的是在渠道方面也有所创新。关于渠道的创新，你一定要记住，我们要把我们的经销商改变成为一个真正的服务商，让他们全心全意服务你的消费者、服务你的渠道，那你才能够取得胜利，而且取得可持续的发展。

——《思客讲堂》董明珠演讲，2017年6月

背景分析

格力成立初期所采用的是传统的经销模式，即通过一级经销商进行二、三级经销商或零售商的开发。由于这种模式具有明显弊端，经销商之间容易串货，造成价格混乱。因此，格力进行了渠道改革，联合部分区域大型经销商，成立专营格力的股份制销售公司。2004年，苏宁、国美等大型家电卖场崛起，由于在价格等方面存在争议，格力毅然选择退出国美，开始自建专卖店网络。此后，专卖店也就成为格力的主要销售渠道。

但随着互联网的崛起，格力的渠道模式也需要进行变革。互联网的发展，使得家电企业等的销售越来越依靠线上。其中，格力的主要竞争对手美的在2017年就提出了"T+3"渠道变革，通过和电商平台开展供应链深度合作，提升运营转化效率。与美的相比，格力对新零售模式的探索，选择了一条不同的道路。格力基于微信电商自建的线上渠道，打破原有的与经销商深度捆绑的经销体系。格力打造新零售模式的直接目的是将中间渠道商转化为服务商，正如董明珠所言"我们最终要做到的是，消费者买了空调，你需要我1小时送到，我就能实现1小时送到，你需要我10天后送到，我就10天后送到"。

当然，要打破原有的经销体系，需要面对比较大的阻力，尤其是来自原有经销体系的阻力，这就需要在厂家与经销商之间达成新的平衡。

> 行动指南

从经销商到服务商的转变，既是职能的转变，又是角色的转变，能够更加适应时代的要求。

11月27日 提升线上线下的价值

我们的生活方式在发生变化，这是最大的变化。比如现在有多少店面倒闭，又有多少店面开在那里，店内却根本没有人。那么，在这种情况下，我们怎么办？我们就要适应这个潮流，在潮流当中立刻去做我们应该做的事。所以我还是坚持线上线下的销售模式，绝对不能单一走线上，也不能单一走线下。我希望我们所有的专卖店都要重新梳理自己，认识自己。

我们最近开了一个线上线下店，在实现网上销售的时候，一天能卖几十万元，我们突然找到了感觉。其实更多的消费者不一定要到店里买空调，但是他在店内坐坐、体验一下，这是一道城市风景线。

所以，我们现在要加快速度，对专卖店进行全新的升级，打造所有的品类店出来，哪怕你进来歇歇脚、喝喝水都可以。实际上，我们在店里所有的销售又转化成从线上下单。对于消费者来说很轻松；对于经销商来说，也清楚这是变化趋势；对于渠道商来说，也不会增加成本。

线下线上的结合支撑了一个城市的文化，同时也给消费者带来一种更便利的服务，我觉得这就是线上线下的价值。

——中新经纬独家对话董明珠，2021年6月

> 背景分析

之前，格力的销售渠道主要集中于线下，对线上资源倾斜比较少。这一方面是由于格力的主业是空调，空调需要安装，线下销售具有一定的优势；另一方面则是出于对

消费者利益的维护。董明珠认为，很多消费者习惯在线上购买是基于线上的价格更加便宜，但这种便宜实际上并不合理。由于电商运营也需要成本，而企业不可能长期处于亏损的状态，这就造成线上产品鱼目混珠的现象比较严重。如果对线上的产品进行质量检测，不难发现很多价格便宜的产品以次充好。以空调为例，不同含铜量的空调成本差别巨大，因此仅凭价格购买产品并不明智。

但就格力的发展规划来看，完全依赖线下并非长久之计。随着多元化进程的推进，格力也需要加强线上渠道建设。以电饭煲等小家电为例，消费者花费大量时间成本去线下专卖店购买并不合理。因此，格力的渠道需要变革，需要发展线上。但这并不意味着线下已经成为格力发展的累赘，空调等商品仍然需要线下渠道的支持。实际上，近几年很多互联网起家的企业，也在花大力气建设线下门店，足以说明线下渠道存在巨大价值。正如董明珠所言，格力完善的营销渠道，既离不开线下，也离不开线上，格力需要通过一系列有益的探索和尝试，提升线上线下的价值。

行动指南

企业选择怎样的销售渠道，不是由管理者主观意志决定的，而是需要基于多方面因素进行综合考量。

11月29日 全员营销

消费者购买了微店的东西，我们才知道消费者的真正诉求，这反过来也推动了格力的营销。总的来说，全员营销不是格局小。首先，它拉近了我们和消费者的距离，让员工充分地接触消费者。其次，员工也通过微店的营销，更加清楚应当如何正确地认识消费者、服务消费者。

我特别高兴，以前消费者只知道格力空调，市场上大家对大松、晶弘这些品牌了解得不多。接下来智能化时代来临，家用电器互联互通，我们开发了这么多品类，应当让消费者熟悉更多的产品，取得市场占有率。我自己开的微店叫"董明珠的店"，销售情况很好，一个月大概有 200 万元的营收。我当然要当第一。

——《中国经济周刊》独家采访，2019 年 3 月

背景分析

营销渠道曾经是格力的核心竞争力之一，但随着市场的更迭，董明珠意识到格力的销售模式需要进行改革，要开启全员营销模式。早在 2018 年度格力干部会议上，董明珠就提出了"全员销售"的指示。2019 年年初，格力电器启动全员营销计划，根据计划，每位员工每年承担 1 万元的销售任务，全体员工可以向亲人、朋友等推荐格力的空调、手机、电饭煲、净水器、加湿器等产品。

董明珠在采访中提到的微店，原名为"董明珠的店"，后改名为"格力董明珠店"，在格力官网首页也有入口。目前，"格力董明珠店"的产品类目极其丰富，除空调外，还有钟表、冰箱、洗衣机、热水器等。董明珠曾解释，开微店是格力在互联网时代的一次尝试，希望通过这样的形式拓宽格力的销售渠道，并拉进与消费者之间的距离。而之所以开启全员营销，是希望员工能够通过微店了解用户与市场，与消费者之间形成良好互动。

行动指南

对于消费品而言，品牌是拉力，渠道是推力。强大的渠道能够推动消费者的购买行为。

12月

企业家精神：做"中国制造"的代言人

12月2日 难干的事自己干

企业家的精神是什么？是别人不想做，别人放弃的，你要去做。好干的事给别人干，难干的事自己干，这就是企业家精神。

——2017（第十六届）中国企业领袖年会，2017 年 12 月

背景分析

从空调行业的野蛮生长到格局落定，格力全程参与；而格力从名不见经传的小厂到成为国内制造业领域的领军企业，董明珠也做出了自己的贡献。

从一名普通的销售员开始，董明珠便选择做"正确的事"，而非"简单的事"。初入安徽市场的时候，面对前任业务员留下来的三角债，董明珠依然选择以企业的利益为重，花费 40 多天的时间追债，尽可能地减少企业的损失；格力一批重要的业务员集体跳槽后，董明珠临危受命，执掌格力经营部，不怕与既得利益者针锋相对，大刀阔斧

地进行改革，尽可能地弥补格力管理方面存在的漏洞；面对空调市场的价格乱象，虽然遭受领导和经销商的双重压力，但是董明珠坚持不降价，以维护我国空调市场的价格秩序；面对国美施加的压力，董明珠统一渠道管理并强化与经销商的利益关系，建立格力独特的营销网络；在其他企业盲目追逐利益的时候，董明珠带领格力电器取得技术上的突破，进入自主研发时代；面对市场对于格力电器的天花板之虑，在巩固和发展空调业务的同时，董明珠领导下的格力业务不断向智能装备、智能家居、新能源产业延伸，并且不考虑眼前利益，选择进入精密铸造领域。

行动指南

企业家不应该随波逐流，而是应该具有自我革命的勇气和担当。

12月3日 坚持原则

40多天的追债过程给我上了难忘的一课。虽然当时我们公司依然保持可以铺底销售的政策，但我不想再重蹈别人的覆辙。不管公司给我什么样的条件，不管公司给我什么样的宽松环境，我也不能因为这个宽松环境就放弃了我要追求的东西，这是我的原则。

——《棋行天下》，2000年4月

你手上有这个权力，为什么不能为家里人做点事，又不违法，你给谁都是给，为什么不能给我做？但是我认为，如果我做了，我手下的所有人就会跟我一样去做，这时候我们失去了什么？市场上你的合作伙伴对你的信任。他觉得跟你的企业合作就是要靠搞关系，这对企业来讲是最致命的。在事业当中，只有"原则"这两个字，没有亲情，没有朋友。

——《杨澜访谈录》专访董明珠，2013年11月

背景分析

初涉商海，董明珠就遇到了一件棘手的事——向一个赖债者追债。在当时的市场环境下，企业基于推广新产品以及市场不够成熟等方面的原因，往往采取"先发货，后付款"的优惠政策，这就使得一些心术不正的投机者找到了发财的机会。个别经销商只追求自己的利益，通过卡、压、骗等形式伤害企业的利益，给企业留下了数不清的无头官司。

在安徽熟悉市场的董明珠也遇到了这样的情况。由于公司管理方面的失误以及前任业务员的疏忽，安徽合肥的一家经销商拖欠了42万元的货款。面对这笔债务，董明珠有两个选择：其一，由于这是前任业务员留下的问题，董明珠可以不予理会，只完成自己的指标任务就可以，个人也会得到相应的回报；其二，将集体利益置于个人利益之上，进行追债。经过认真的考虑，董明珠选择了后者。

初到安徽，董明珠面对的一切都是陌生的，欠债者又极为难缠，让董明珠屡屡受挫。为追这笔债，整整40天里，董明珠受了数不尽的委屈和白眼，度过了许多不眠之夜，当货款终于追回来后，她忍不住掉下泪来。这件事不仅增加了董明珠对营销工作的信心，也让她深刻地意识到：货款不清，会给企业带来沉重的包袱。为了避免再次陷入泥潭，必须坚持原则——先付款，再发货。

行动指南

认准了的原则，就应该坚持到底。你所走的路，会决定你最终的收获。

12月5日 做一个关键的齿轮

一个企业犹如一部庞大的机器，里面有成千上万个齿轮在同时运转，相互推动又相互制约，一个齿轮出了故障，就会使这部机器运转滞涩或停止转动。同样，我也只是格力这部超速运转的机器里的一个齿轮，至多是一个关键的齿轮。不仅我如此，我相信格力的每一个员工都是如此，格力能取得今天的成就，与所有齿轮的良好运转密不可分。

——《棋行天下》，2000年4月

背景分析

1991年，海利参与组建的格力电器诞生；1992年，董明珠个人在安徽市场创造了1600万元的销售业绩，成为格力销售业绩排名第一的业务员；1994年，董明珠临危受命，担任格力经营部部长，她在加强管理的同时，通过淡季返利、设立区域销售公司等一整套创新政策进行营销改革；1995年，格力空调产销量跃居全国第一。一路走来，董明珠曾面临困难，但她又总能突破创新，带领格力不断向前。

由于董明珠坚守产品质量，在她的带领下，质量成了格力的金字招牌。她对格力产品质量的打造可以归结为以下几点：1994年，开始实施精品战略，动员公司上下狠抓产品质量；1995年，设立行业内独一无二的筛选分厂，对每一个进厂的零部件进行"海关式"筛查，零部件合格后方能走上生产线；2005年，提出"整机6年免费保修"的承诺，并将"家用空调产品10年保修"等作为公司内部的质量工作新目标；2012年，提出"以品质替代售后服务，最好的服务就是不需要售后服务"的质量管理方针，提炼总结"四纵五横"管理体系；2018年，凭借"让世界爱上中国造"格力"完美质量"管理模式，获得第三届"中国质量奖"；2019年，参与起草的《质量管理 基于顾客需求引领的创新循环指南》获批成为国家标准；2021年3月，提出家用空调"10年免费保修"政策，是行业首家且至今唯一一家做出10年承诺的企业。

2001年，董明珠担任格力电器总经理。由于国内空调企业普遍没有掌握核心技术，在市场竞争中只能打价格战，董明珠深知只有走自主创新的道路，才能在发展中抢得先机。于是，董明珠决心不惜一切代价进行技术研发。2018年10月，习近平总书记到格力电器视察，并对格力的自主创新进行了肯定。

新一轮科技革命和产业变革的到来，使得智能制造逐渐成为世界各国抢占发展机遇的制高点。董明珠也领导格力选择了一条更加艰难的发展道路，进军精密模具等领域，致力于解决我国新兴技术方面的"卡脖子"问题。

有人曾说"没有董明珠，就没有格力"，董明珠认为虽然这样的说法不正确，但是自己确实为格力的发展付出了力所能及的努力，使得格力的发展道路更加顺畅。在她看来，每一个格力的员工都是一个齿轮，大家共同保证了格力的良好运转。

行动指南

企业是个体发挥价值的平台。

12月8日 受命于危难之际

仿佛一棵大树一样，一个企业的发展也要经受许多风风雨雨。格力现在已是全国著名的大企业，但只有亲历者，才知道它也曾几次面临危机。我不算是格力的老人，但我可以骄傲地说，我也在格力的危难之时，参加过它的抗争和奋进。

无论是我的生命历程还是格力的发展史上，1994年秋冬之交都是一段灰暗的日子：格力经历了一次业务员集体辞职的事件，我则从一个普通的销售员升为公司经营部部长。这不说有多么了不起，但我确实是受命于危难之际，承担了对格力发展有重大意义的责任。

——《棋行天下》，2000年4月

背景分析

1994年，格力公司降低了销售人员的承包提成比例。对此，公司的大部分销售人员都产生了比较强的抵触情绪，他们认为格力能够取得现在的成绩，主要是由于销售人员的努力，因此，不应该在企业的利润不断提高的前提下，大幅降低销售人员的待遇。而朱江洪则认为，企业的成绩是各部门集体努力的结果。由于观念的不同，格力领导层也出现了动荡。这时，一家空调厂闻讯而来，认为这是抓住人才振兴自己的机会。最终，以格力原某领导成员为首，加上8名业务员和2名财会人员共11人集体离职。由于董明珠当时的销售业绩为格力公司之首，自然也成了被挖的重点对象，但她坚定地选择了格力，并坚信自己不会后悔。

经过民主选举，董明珠高票当选格力经营部部长。当时的格力电器作为一家大型国有控股企业，具有明显的体制弊端，内部管理机制十分不健全，关系网和利益网错综复杂。董明珠上任后投入了忘我的工作，力求纠正格力存在的大大小小的问题，并将其努力转化为企业成长的推动力。

行动指南

一个人的格局，往往决定了他的高度。

12月13日 "棋行天下"

我从来没有"横行天下"，只是"棋行天下"。"棋行"不是横行，是有规则、有规范地行走。这个规矩既包括企业运作的规则，也包括市场的大规则。"没有规矩不成方圆"，不要说我董明珠个人，就是格力或者更大的企业，都不能"横行天下"。

——《行棋无悔》，2006年12月

背景分析

由于具有鲜明的个人特色，从做业务员开始，公司内部以及整个空调业对董明珠的议论就比较多，其中大多是羡慕和赞扬，但也有非议和批评。有的人说董明珠在格力"一手遮天"，在空调业"横行天下"。但董明珠并不认可。

在担任格力电器经营部部长之后，董明珠着手进行了一系列大刀阔斧的整顿、改革，不仅影响了格力内部一些员工的利益，也得罪了个别企业的管理者。董明珠相信"心底无私天地宽"，自己的改革并无掺杂私心杂念，而且得到了大部分同事和领导的支持，由此才没有在既得利益者的围攻中折戟沉沙。董明珠在格力的所作所为主要是基于其在销售第一线长期积累的经验，基于对格力以及空调业的认识。而改革的结果也证明了董明珠的措施和方法是得当的、能够取得明显成效的,对企业的长远健康发展也是有益的。

在董明珠自己看来,自己虽然担不起"没有董明珠就没有格力"这句话,但如果没有董明珠,格力的发展可能会走更多弯路。格力所取得的成就离不开董明珠付出的心血和努力,假如说她真的"一手遮天"的话,那么"遮"住的也是格力的"阴天""梅雨天",是为了防止格力"变天"。

行动指南

管理就是"带着镣铐跳舞"。

12月18日 建立格力的"格"和"力"

投身营销事业,致力于建立格力的"格"和"力",是我30岁出头到40多岁的生命历程,一条漫长的不归路。

——《行棋无悔》,2006年12月

背景分析

从1991年至2002年,格力的营销模式经历了五个发展阶段:1994年以前的推销阶段;1995年至1996年的大户模式阶段;1996年至1998年的规范市场初级阶段;1998年至2000年的联合代理阶段;2000年以后的专业代理阶段。而董明珠作为格力营销模式建立过程的亲历者,也在各个阶段展现了个人的能力和价值。

在最初投身营销事业时,格力正遭受三角债的困扰。尽管如此,董明珠还是凭着自己对事业的执着和忠诚,坚持"先付款,后发货"原则。1992年在安徽市场的销售额为1600万元,1993年在南京市场的销售额为5000万元,1994年在江苏市场的销售额为1.6亿元,占当年格力电器全部销售额的20%左右,而且没有一分钱应收款。董明珠也成了中国家电行业销售额最高的"金牌业务员",成了格力的"销售大王"。

1994年秋冬之交,格力电器经历了一次营销人员集体辞职事件,直接推动了格力营销模式的改革。而这一事件也使得董明珠由一个普通的业务员转变为格力经营部部长。格力员工和领导一致看好董明珠,主要有三个方面的原因:其一,她业绩异常突出,年年都是销售状元;其二,她对事业极端忠诚,集体辞职期间,董明珠是被拉拢的主要成员,但面对利益的诱惑,她不为所动;其三,她具有驾驭事务的才能,在安徽等地多次遭遇困境,都能取得成功。而董明珠的走马上任,也推动了格力营销模式的演化进程。

行动指南

彼得·德鲁克曾说:"管理层的头等大事就是要把这些目标、价值观和目标值考虑清楚并且明确下来,然后身先示范。"管理的过程,就是示范的过程。

12月21日 按照岗位的标准要求自己

其实在职业选择、在履行岗位职责的过程当中,没有男性和女性的差别,而只能用一个标准来衡量,你是正确的还是不正确的。

——《莉行观察》吴小莉对话董明珠,2018年3月

企业家的优势劣势没有性别差异,其实不是女性就有优势或者男性就有优势,关键是由个体决定。你选择了这个,你就按照这个岗位的标准来要求自己,而不是用性别要求来要求自己。

——《十年二十人》之董明珠,2018年5月

背景分析

作为国内为数不多的女性企业家,在各种各样的访谈中,董明珠经常被问到的便

是性别差异。在董明珠看来,性别并非一个领导者管理能力或者管理风格的决定性因素,性别也不会直接带来优势或劣势。一个人成功与否,应该根据其所达到的成就以及做事的方式来进行判断,而非依据其性别。

不仅如此,在企业的管理中,董明珠对女性员工也会进行非常严格的要求。初掌格力经营部时,由于格力内部组织涣散、人浮于事,董明珠对自己所管理的经营部制定了十分严格的纪律。经营部女性员工多,董明珠对她们的服装、发型、走路姿态都有要求。有人认为,董明珠是把自己的人生观强加到员工身上。董明珠对此的回答是,从某些方面来看,女性员工确实有一定的弱点,比如结婚生子后,由于受到家庭的束缚,女性员工缺乏良好的精神状态,以致被认为是"家属工"、被轻视。所以,董明珠希望改变这样的情况,希望女性能够自强,并非只有男性能够做大事。

行动指南

按照岗位的标准、按照是非对错标准来要求自己,而不是用性别要求来要求自己。

12月23日 用激烈的碰撞推动进步

曾经有人说,董明珠你是一个公众人物,你讲话要注意一点,不能点名道姓地说别人。为什么?难道我们看到不正确的现象,我们都不去说,那谁来说?怎么实现《中国制造2025》?就是应该有这种态度,真诚的态度。格力如果不好,你也可以说,因为通过这样的激烈碰撞,我们的制造业才能好起来。有时候要推动一个进步,需要我们这样的人。

——《遇见大咖》董明珠访谈录,2016年2月

背景分析

由于多次在公开平台指责同行或其他企业，董明珠被冠以"好斗"的名头。而董明珠也认为自己是一个斗士，不过，她认为自己的"斗"是希望同行之间形成互查互纠的良好风气，通过清理行业内的不合理现象，共同推动中国品牌走向世界。

关于竞争对手美的，早在2008年，格力就起诉美的睡眠空调侵犯格力的专利，在持续两年之后，法院判格力胜诉，美的赔偿侵权费200万元。此后，格力与美的之间的纠纷愈演愈烈：董明珠多次在公共场合指责美的空调的"一晚一度电"是虚假宣传，涉嫌欺骗消费者；2013年格力再次以美的侵犯其"五谷丰登"注册商标专用权为由将美的诉至珠海市中级人民法院。

关于竞争对手奥克斯，董明珠不仅怒斥其侵权，更多的是怒斥其挖墙脚。从2010年开始，奥克斯挖走了格力技术研发、质检等部门超过300名员工，而且格力认为被奥克斯挖走的员工泄露了格力的相关技术。

董明珠在2017年7月的"初心与匠心——董明珠谈中国智造"论坛上提到家电企业热衷于搞房地产是不务正业，并表示格力绝对不做房地产。她解释道："因为我们挑战了自己，我们不逐利而行，我们没有忘记自己的初心，中国制造要走向世界，只要你是企业家，你就要有这个思想，你就要有这个担当。我们很多企业倒闭的时候、出现困难的时候，第一个想的就是现在的环境不好，而没有从自己身上找原因。"

此外，海尔、阿里巴巴等企业，也曾在公开场合被董明珠指责。董明珠仿佛国内企业家中的一个异类，以自己独特的不留情面的方式揭露问题，力求推动我国制造业的进步。

行动指南

激烈的碰撞是推动进步的强大动力。

12月26日 绝对不能让格力受到任何伤害

没有格力就没有我,但没有我也没有格力。我觉得要由你的位置来决定你对格力的责任,作为一个公司的一把手,你绝对不能让格力受到任何伤害。

——《遇见大咖》董明珠访谈录,2016年2月

背景分析

董明珠曾经在书里写道,自己是有一点自命不凡的,即使是做业务员的时候,自己也总是从企业的立场出发考虑问题,而非仅着眼于个人的利益。而董明珠对格力的责任感,也随着她在格力职务的提升而与日俱增。成为经营部部长后,为了维护格力的利益,董明珠有一系列动作:整顿纪律、建立制度,一改国企内部员工自由散漫的氛围;与不遵守规则的经销商对抗,建立完善格力的营销网络;谴责对手的不良竞争行为,维护格力的品牌形象。

为了获得核心竞争力,带领中国品牌赢得世界的认可,一直以来,董明珠带领下的格力不计成本投入研发。但由于同行企业的不正当竞争行为,格力的技术人才频繁被挖,研发出的技术也数次被泄露,因此,为了维护企业的利益,董明珠多次指责对手。2019年两会期间,董明珠还提交了"关于惩治专利恶意诉讼,保障自主创新企业健康发展"的建议案,媒体对此评价"董明珠是下定决心和'专利流氓'杠上了"。实际上,这并非是董明珠第一次出于责任"开杠"。在16年的人大代表生涯中,董明珠共提出了57条建议案,其中与"知识产权保护"和"自主创新"相关的就有27条之多。

之所以对侵犯知识产权的行为零容忍,董明珠既是为了维护格力的利益,也是为了维护国内制造业的良性发展。她曾在公开场合说:"如果创新成果得不到保护,让投机取巧者、剽窃者能够有机可乘,轻易利用他人的领先专利技术去赢得市场和利润,那么企业的创新热情和整个产业的竞争力也将大幅下滑。"

行动指南

2019年4月,国务院知识产权战略实施工作部际联席会议办公室授权董明珠为《国家知识产权战略纲要》制定专家咨询委员会委员,而在此之前她也曾被授予"国家知识产权战略实施工作先进个人""2016年度全国知识产权(专利)领域有影响力人物"。位置决定责任,一名合格的企业家不应该仅仅维护本企业的利益,更应该具有家国情怀,争做中国制造的代言人。

12月28日 向最有难度的目标冲击

消费者看了格力品牌的空调,是知道了质量、性能、服务之后,一般性的认可呢,还是要追着"格力"两个字毫不犹豫地掏钱买?这后一个,是做企业的目标。以我凡事都要追求完美的性格,当然要向着最有难度的目标冲击。

——《棋行天下》,2000年4月

背景分析

21世纪初,格力空调已经逐渐打开市场,进入了千万消费者的家庭。这时,有一个新的问题摆在董明珠面前:当她在市场上进行营销的时候,大多数的消费者都对格力空调有所耳闻,但对格力这个企业所知甚少。董明珠敏锐地意识到,这绝不仅仅是一个销售问题,而事关用户的品牌认知,关系到企业的长远发展。

因此,把自己的看法向时任总经理朱江洪汇报后,经过充分调查研究,董明珠便开始着手有针对性地处理两个问题:其一,建立格力空调的品牌形象;其二,对广告价格、价值重新进行评估管理。从此,董明珠便向着"打造格力品牌形象"这一更有难度的目标冲击,一路从品牌初创期的"格力电器,创造良机",到品牌壮大期的"好空调,格力造",到品牌领先期的"格力·掌握核心科技",到品牌成熟期的"格力,让天空更蓝,大地更绿",再到今天品牌国际化时期的"让世界爱上中国造",格力已经成为名副其实的民族品牌，并致力于引领中国制造走向世界。

行动指南

向最有难度的目标冲击，让用户信任你的品牌。

12月30日 心胸有多大，事业就有多大

我这段时间一直跟很多企业家在一起，大家都面临了很多的困难，有的人觉得很迷茫，有的人甚至说不想做了。我觉得，最大的困难是我们没有信心。我们应该不怕困难，同舟共济，携手同行。既然我们已经放飞，就要勇敢地去搏击天空，这就是企业家精神。如果我们遇到困难的时候就退缩，那不是企业家。我们企业家的使命不是我们必须拥有多少财富，是因为我们企业家改变了这个世界。你的心胸有多大，你的事业就有多大，你的心里能装下别人，别人也就会爱上你。

——2018（第十七届）中国企业领袖年会，2018年12月

背景分析

在2018年（第十七届）中国企业领袖年会上，主办方《中国企业家》杂志为董明珠颁发了"影响改革开放进程的企业领袖奖"，并给出了如下颁奖词："她，是中国企业家中的铿锵玫瑰，是中国制造的形象代言人，是实体经济的坚定捍卫者，她把空调这个单品做到了极致，又凭借技术积累的优势打造智能制造帝国，激扬起自主创新的志气和骨气，她就是格力电器董事长兼总裁董明珠女士。"

2018年10月22日，习近平总书记来到格力电器视察，并强调从大国到强国，实体经济的发展至关重要，任何时候都不能脱实向虚。而董明珠在多年领导格力的过程中，也一直坚守制造业和实体经济。她认为，一家制造企业有时候需要具备一种"吃亏"的精神。如果想赚快钱，制造业很难坚守下去。随着全球环境日益恶化，雾霾天气

频现，很多人都建议董明珠进入空气净化器市场，认为这个市场可以赚钱，但董明珠却觉得应该从源头解决问题。于是，在她的带领下，格力开始对清洁能源的高效利用进行研究，研发出了光伏空调，可以通过转化太阳能驱动空调运转。格力发展的初期也曾依赖进口设备，但随着自身的发展，格力目前已经以自主创新挺起了实体经济的脊梁，并已经从一家专业的空调企业发展成为一家科技型、创新型、多元化的国际化工业集团。

不仅如此，董明珠认为企业家要想国家之所想。她觉得，真正受人尊重的企业家应该能够在国家的发展中做出贡献，在带领格力发展的过程中，她也做出了自己力所能及的努力，比如对人才的重视和培养，以及积极纳税。

行动指南

企业家的心胸会决定企业的发展前景。心胸有多大，事业就有多大。

12月31日 永不满足，永不止步

从1990年开始到现在，差不多快30年了，我永远都感觉到自己不满意，永远觉得自己做的东西有缺陷。

——《十年二十人》之董明珠，2018年5月

背景分析

从进入格力开始，董明珠似乎从未停止过对抗，对抗的对象包括拖欠贷款的经销商、不服从安排的员工、进行不正当竞争的其他企业等。曾经有媒体评论"一路走来，董明珠似乎永远在不停战斗，永远有打不完的仗"，而董明珠自己则认为，自己的对抗是因为不满意，是为了推动进步。

在格力30年的时间里，董明珠一直基于自己的岗位，希望为企业赢得更好的发

展,她认为这样的努力是值得的。在她看来,职业带来的责任感会改变一个人。就像军人应该保家卫国、医生应该救死扶伤一样,企业家也应该为企业的发展着想,推动企业不断进步,创造满足消费者需要的产品,带动国家经济的腾飞。

董明珠曾经引用习近平总书记的一句话"我们都在努力奔跑,我们都是追梦人"来说明自己的心声。她认为,不管是个人还是企业,永不止步的追求是持续发展的动力。从一个年产值不到2000万元的小厂到多元化、国际化的工业集团,格力电器完成了一个家电企业的成长蜕变。虽然在很多人看来,格力已经是非常成功的企业,但董明珠认为还不够,格力还可以更强大、生产出更好的产品。

习近平总书记曾说过:"我将无我,不负人民。"董明珠认为,这种忘我的精神,正是自我价值的最高体现。"无我"是把"我"和"奋斗"融为一体,为社会、为国家做出贡献。一个企业家也应该有忧国忧民的情怀,把消费者的需求、国家发展的需要当作自己的事,把自己有限的精力投入无限的事业。

行动指南

作为一个企业家,奋斗是永恒的话题。